민주주의를 혁명하라!

국립중앙도서관 출판시 도서목록(CIP)

민주주의를 혁명하라! / 지은이: 김영수. 서울 : 메이데이, 2009   p. ;   cm

2007년도 한국학술진흥재단의 학술연구교수에 대한 지원사업으로 수행한 연구의 결과물임.
(KRF2007-411-j04602)

ISBN 978-89-91402-34-8 93300 : \12000 민주주의[民主主義]
340.22-KDC4
321.8-DDC21   CIP2009000550

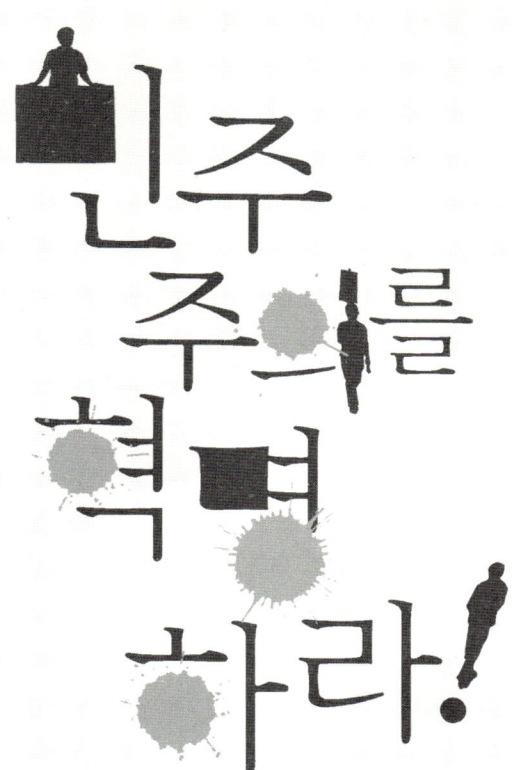

민주주의를 혁명하라!

김영수 지음

메이데이

책머리에
상상력의 정치, 혁명의 정치

정치학을 접한 지 벌써 4반세기 이상이 지났지만 아직도 정치가 무엇이냐고 할 때 변변하게 답할 거리를 쉽게 찾지 못하는 내가 이 책을 쓰게 된 동기가 있다. 2008년 5월과 6월, 촛불 청소년·소녀들과 함께 촛불시위에 나가곤 했던 딸이었다. 학교에서 배웠던 자유민주주의 정치를 전복해 버린 청소년·소녀들이 나의 참 스승이었다. 촛불광장은 바로 소통의 장이자 실질적인 평등의 공간이었다. 광장은 국가 중심의 국민주권만을 배우고 가르쳤던 나에게 직접민주주의의 상상력을 자극하였다. 청소년·소녀들은 직접민주주의라는 희망의 촛불을 켰다. 나는 '새로운 사회의 새로운 정치'라는 상상과 희망의 촛불을 밝히고 싶었다.

우리나라는 1987년 6월항쟁 이후 현재까지 민주화의 여정을 밟고 있다. 국민은 민주주의 국가에 살고 있다는 자부심으로 충만했다. 국민에겐 자유와 책임이 있었다. 국민은 권리를 자유롭게 표출할 수 있었다. 국민은 대통령과 국회의원을 직접 선출하였다. 진보적인 정치세력도 의회에 진출하였다. 소위 87년체제라 불리는 자유민주주의 체제는 말 그대로 국민주권의 시대였다. 누구든지 국가의 모든 권력이 국민으로부터 나온다고 하였다. 이것을 의심하는 것은 사회적으로 허용되지 않았다. 자유민주주의가 국민주권을 실질적으로 억압한다고 말하면 미친놈 소리를 들을 게 분명했다. 그런데 국가는 권리를 요구하는 국민에게 늘상 폭력을 행사하였다. 국가의 억압적인 폭력은 아주 자유로웠다.

자유민주주의 체제는 국민에게 무늬만 자유인 민주주의를 허용하였다. 국민은 무늬만 민주주의인 자유를 누려야 했다. 집단적이고 계급적인 자유와 민주주의는 자유민주주의 체제의 불순세력으로 치부되었다. 기득권 지배세력은 이미 자유민주주의 체제를 중심으로 집단화되어 있다. 1987년 이후 현재까지 모든 역대 정권이 국민이 실현하고자 하는 직접민주주의를 두려워하였다. 국민이 주권을 내세워 권리를 재구성하려 할 때 국가는 법치와 질서를 앞세우면서 국민을 지배하였다. 국민이 국가의 주인임을 선포하는 순간 국가는 국민에게 억압적이고 물리적인 폭력을 가하였다. 국가는 국민을 학살하거나 국민의 안정과 행복을 깨뜨리면서까지 자유민주주의 체제를 지키려 하였다. 그 주요 수단은 헌법이었다. 헌법에서 규정하고 있는 선거와 정치도 큰 몫을 하였다.

이 책은 민주주의의 본질을 꿰뚫게 하고 창의적인 논리의 무한한 가능성을 보여 주려 한다. 국민 스스로 자신의 권력을 관리하고 통제할 수 있는 상상의 대안이 실질적으로 존재할 수 있다. 국민이 지배하는 헌법, 국민 스스로 자신의 권리를 누릴 수 있는 정치와 선거, 그리고 국민을 위해 진짜 봉사하는 국가가 존재할 수 있다. 그것은 국민이 지배당하는 자유민주주의 체제가 아니라 국민이 국가를 지배하는 국민의 자치체제이다. 그러한 대안들은 단지 상상에 머물러 있지 않다. 다양한 법과 제도들은 이미 세계 도처에 널브러져 있다. 정치학자들이 눈 감고 있을 뿐이다.

국민의 자치체제는 저절로 건설되지 않는다. 국민 스스로 자유민주주의 체제를 전복해야 한다. 자유민주주의 체제를 유지시키고 있는 헌법, 국가, 선거, 정치를 넘어서서 국민이 지배하는 헌법, 국가, 선거, 정치를 만들어야 한다. 이를 위해 국민은 자유민주주의 체제를 잘 알아야만 한다. 국민의 자치체제가 어떤 것인가를 상상해야만 할 이유도 마찬가지이다.

국민은 헌법이나 선거 혹은 정치의 본질을 잘 알지 못한다. 헌법의 존재 자체가 민주주의인 것으로 오해하기도 한다. 우리나라 헌법에서 규정하고 있는 공화국이 어떤 형식과 내용으로 채워지는지 혹은 헌법의 형식과 내용이 구체적으로 무엇인가를 잘 알지 못한다. 설사 잘 알고 있다 하더라도 일상생활에서 그것을 쉽게 적용하지 못하는 것이 사실이다. 그 속의 복잡한 측면까지 알려 하지 않는다. 그저 자유롭게 선거와 투표에 참여하면 그만이다. 국민은 3권분립, 1인 1표제 선거제도, 과반수 결정, 유권자의 연령 등을 민주주의 원칙으로만 알고 있지, 왜 그러한 제도가 도입되고 변화되어 왔는지 혹은 그러한 제도가 진짜 민주주의인가에 대해 의심하지 않는다. 정당이 국고보조금을 왜 받아야 하는지, 지방자치제도가 진정한 풀뿌리민주주의인지에 대해서도 의문을 품지 않는다.

이 책은 평생 다 쓰지 못하고 퇴화하는 국민들의 뇌세포를 자극하려 한다. 현실에 존재하는 통치세력만의 법과 제도를 국민주권의 도구로 재구성하는 과정은 끝없는 상상력을 요구한다. 혁명적 발견은 과학적인 상상력에서 비롯된다. 자연과학이나 발명가만이 상상력을 요구받는 것이 아니라 사회과학도 마찬가지이다. 오히려 사회과학은 그 이상의 상상력을 요구받는다. 형식적인 논리의 정합성은 틀에서 벗어나는 순간 무너진다. 상상력만이 창조적인 논리의 무궁무진함을 보여 준다. 사회구성원들의 의식과 행동이 형식적인 틀에 머무는 것이 아니라 상시적으로 변화하고 있고 또한 그 변화의 방향조차 가늠하기 어렵기 때문이다. 사회과학의 꽃이라고 할 수 있는 민주주의는 인간의 상상력으로 재구성되어 왔다. 그러한 상상력은 권리를 위한 투쟁의 장을 제공하였다. 사회적인 현상이나 정치적인 문제들을 인지하고 실천하는 뇌세포가 끊임없이 살아서 움직일 경우 상상력은 현실을 변화시키는 힘으로 작용한다.

너무나 익숙해져 있는 국가 중심의 정치와 자유민주주의 이데올로기가 우리의 상상력을 고갈시켰다. 이제는 국민 중심의 정치로 우리의 상상력을 부활시켜 새로운 사회의 새로운 정치를 상상하고 꿈꿔야 할 시대가 왔다. 국민 스스로 자기의지를 실현할 수 있는 폴리스 정치를 상상 속에서 만들어 내야 한다. 아니, 법과 제도 나아가 국가 자체까지 부정하는 무정부주의를 넘어서서 국민의 자치체제가 지향해야 할 법과 제도를 현실에서 재구성해야 한다. 국민 스스로 진보를 사랑할 때에야 비로소 행복해질 수 있다. 외부로부터 주입되고 조작되는 진보가 아니라 국민 스스로 자신의 체제를 만들어 나가는 진보이다. 민주주의를 두려워하는 국가를 민주주의를 사랑하는 국가로 대체시킬 수 있다고 상상해 보라! 권리혁명과 주권혁명이 멀리 있지 않고 생활 속에 있다고 상상해 보라! 국민주권을 실현하려는 상상력은 새로운 사회의 정치체제를 재구성하는 동력으로 작용할 것이다. 우리의 폴리스와 아고라는 생활 속에 있고 상상 속에 있다. 상상은 허상이 아니라 현실의 힘이다. 상상력은 몽상의 힘이 아니라 미래의 힘이다.

이 책을 출간하면서 감사의 마음을 전달할 사람들이 참으로 많다. 먼저 이미 대학을 졸업했거나 지금도 내 강의를 듣고 있는 수많은 학생들에게 지난 20년 동안의 빚을 갚는 심정으로 감사드린다. 그들이 있었기에 책의 뼈와 살을 만들 수 있었다. 청소년·소녀들이야말로 미래사회의 기둥이자 희망이라고 말로만 떠들지 그들에게 노동의 기회조차 주지 않는 희망상실의 시대를 희망대박의 시대로 만들어 가는 심정으로 이 책을 썼다. 참 스승인 촛불 청소년·소녀들과 딸에게 감사해야만 하는 이유이다. 마음 가는 대로 살고 있는 나에게 묵묵히 힘을 북돋아 준 가족에게는 어떤 감사의 말을 하더라도 지면이 부족해서 안타까울 따름이다. 사회과학 절멸의 시대를 맞이하여 한 그루의 소나무만이라도 차곡차곡 심어 숲으로 우거지는 세상을 만들고자 노력하고 있는 메이데이 출판사에도 진심으로 감사드린다.

이 책은 나의 책이 아니라 주권자인 국민의 것이자 촛불 청소년·소녀들의 것이다. 많은 사람들이 나의 상상력과 국민의 자치체제를 연결하는 상상의 다리에서 멋진 권리의 낭만을 즐겼으면 한다. 국민이 자신의 자치체제, 아니 세상을 지배하는 민주주의 사회를 상상하면서 잠시라도 행복에 도취되었으면 한다. 꿈과 희망은 아름다운 상상력이다. 꿈은 상상력을 현실로 이끌어 내는 힘이다. 꿈이 있기에 현실의 존재가치를 느끼면서 미래를 위해 희망을 던진다. 주권과 권리를 사랑하는 나의 생활과 당신의 생활이 바로 상상력의 정치이고 아름다운 혁명의 정치이다.

2009년 8월
자유로운 상상혁명의 공간에서
김영수

차례

책머리에 상상력의 정치, 혁명의 정치 · 5
여는 글 상상과 혁명의 경계에서 · 15

상상혁명 1 　헌법

자유민주주의공화국과 민주주의 · 23
　공화국은 민주주의 사회? / 국민의 자치공화주의!

국민주권과 헌법 민주주의 · 36
　사회계약의 주권자는 국가? / 국민의 파면권과 몰수권을 제헌헌법에서! /
　국민을 위해 봉사하는 헌법!

남북한과 통일 공화국 · 59
　북한도 헌법상 민주주의 국가?/ 남북한 평화동맹국가의 통일헌법!

상상혁명 2 국가

3권분립의 민주주의 · 79
　300년 전의 3권분립? / 권력의 4권분립과 5권분립!

대통령의 권한과 국가폭력 민주주의 · 90
　대통령은 입헌군주? / 3원합의제가 민주정부다!

직접민주주의와 국민주권 · 102
　국민주권은 국가권력의 원천? /
　감사와 평가를 넘어 정책을 생산하는 국민주권!

상상혁명 3 선거

1인 1표제와 민주주의 · 117
　1인 1표제가 민주주의? / 차등투표제와 기명투표제가 대안!

과반수 함정과 민주주의 · 127
　과반수 결정은 절대선? / 의사결정의 혁명적 대안!

청소년·소녀와 민주주의 · 142
　기성세대의 눈높이로 재단되는 청소년·소녀? /
　정치적 주체로 다시 서는 청소년·소녀!

상상혁명 4 정치

정치, 정치인과 민주주의 · 159
강제력과 영향력을 박탈당한 정치권력? / 이래야 권위 있는 정치! / 국민을 주인으로 섬기는 코뮌 리더십!

특권정치와 민주주의 · 174
정치인의 무한면죄부와 무한특권? / 1만 명으로 구성되는 국회! / 무료봉사하는 대통령!

정당 국고보조금과 민주주의 · 187
위헌적인 정당 국고보조금? / 국고보조금을 국민생활안정기금으로!

국가권력의 지역화와 지방자치 민주주의 · 199
국가권력의 풀뿌리민주주의? / 지방자치는 권력의 분점화 수단? / 코뮌적 공동체 자치!

닫는 글 상상공간과 희망을 위해 · 217

여는 글
상상과 혁명의 경계에서

　상상은 자유롭다. 자유롭지 않은 상상은 조작된 의식이다. 사람들은 법과 제도의 틀을 쉽게 넘어서지 않으려 한다. 법과 제도를 넘어서려면 두려움이 작용한다. 그래서 두려움에 중독된 상태에서 살아가야만 한다. 자유로움은 두려움을 넘어서려고 한다. 혁명은 자유로움 그 자체이다. 사람들은 억압과 구속에서 자유로워지기 위해 혁명을 꿈꾼다. 혁명을 꿈꾸지 않는 사람들은 일상에서 자유로움을 만끽하지 못한다. 일상에서 탈주하려는 꿈은 곧 혁명이다. 상상과 혁명의 경계에는 자유로움이 있다. 자유민주주의 체제는 이러한 자유를 허용하지 않는다. 자유민주주의 체제가 자유를 구속한다. 역설의 미학이다. 국민 스스로 자신의 주권을 위해 전복해야만 할 역설이다.
　국민도 역설의 주체임에 틀림없다. 국민은 상상과 혁명의 경계에 서 있지 않으려 한다. 그저 자유민주주의 체제가 허용하는 자유만을 누리려 한다. 그 자유가 자신의 권리를 침해하는데도 말이다. 권리에서 주체가 아니라 대상으로 전락한 지 오래다. 경계를 넘어서는 순간 새로운 자유의 세상이 있다. 민주주의는 그 세상을 찾아 나선다. 민주주의는 권리의 한계를 부여한 적이 없다. 진정한 민주주의는 권리의 한계를 뚫고 나가는 끝없는 여정이다. 이것은 민주주의를 넘어서는 민주주의다. 상상혁명은 그 여정의 한복판에 서 있다.

상상혁명은 국민을 상상과 혁명의 경계인으로 만들어 가는 민주주의다. 경계에 선다는 것은 참으로 힘든 일이다. 한순간에 어디로 떨어질지 모르는 외줄타기 곡예와 같다. 혁명적 자유로움을 가져야만 가능한 일이다. 그렇지만 혁명은 상상의 즐거움이다. 상상력이 고갈되는 순간 자유로움은 고통으로 다가온다. 상상혁명의 자유로움은 국민에게 자치의 풍요를 안겨 준다. 헌법과 국가권력을 통제하는 권리의 풍요, 자신의 권력을 자기화하는 자치의 풍요, 그리고 선거와 정치를 지배하는 제도의 풍요 등이다. 자유로워야만 누릴 수 있는 상상혁명의 미학이다.

상상혁명은 추상적인 민주주의가 아니다. 상상혁명은 자유민주주의 정치체제 내부를 아주 구체적으로 들여다보는 민주주의다. 세계적으로 존재하거나 존재했던 다양한 제도적 대안들이 상상혁명의 수단으로 작용한다. 자유민주주의 체제만이 대안이라는 의식의 굴레를 벗어 던진다. 대안 부재의 정치는 바로 자유민주주의 체제였다. 그들만의 권력리그를 유지하기 위한 조작이었다. 국민은 조작의 덫에 갇혀 있었을 뿐이다. 대안은 바로 국민의 생활 속에 존재한다. 조작의 덫을 없애는 순간부터 국민의 생활은 자유롭다. 상상혁명은 생활 속에 존재하는 민주주의를 인식하는 역사적 디딤돌이다. 디딤돌을 모아 징검다리를 만들어 나가는 장인정신의 자유로움이다.

　상상혁명 1부인 '헌법'편에서는 공화주의와 사회계약에 대한 정치철학적 이해, 헌법의 구성과 의미, 그리고 남북통일헌법의 구상 등을 역사적 근거와 사실에 바탕하여 서술하고 있다. 우리나라 헌법은 자유민주주의 체제에 구속되어 있다. 권력은 국민으로부터 나오는 것이 아니었다. 헌법 제1조에 반한다. 사회계약의 주권자는 국민이 아니라 국가였다. 국민은 국가를 위해 존재하였다. 제헌헌법은 국민이 만들지 않았다. 기득권 지배세력이 자신의 헌법을 위해 국민을 동원하였다. 우리나라 자유민주주의 체제의 역사와 현실이 이러하다. 상상혁명의 헌법은 참으로 혁명적인 내용들이다. 상상혁명은 그동안 자유민주주의 체제가 허용했던 헌법을 넘어서고 있다. 헌법의 주인은 국가가 아니라 국민이다.

　상상혁명 2부는 '국가'를 말한다. 자유민주주의 체제의 권력구조를 분석하고 있다. 3권분립은 민주주의 권력구조가 아니었다. 알고 보니 자유민주주의 체제의 대통령은 입헌군주였다. 권력의 원천은 국민이 아니었다. 국민은 국가권력의 대상이었다. 자유민주주의 체제는 이 사실을 조작하였다. 국민은 조작된 민주주의를 민주주의로 여기면서 살았다. 국민은 두려움에 중독되었다. 자유민주주의 체제를 넘어설 수 없었던 두려움이다. 상상혁명 2부에서는 자유민주주의 체제의 권력구조 자체를 전복하는 대안들을 제시한다. 근거가 없는 대안들이 아니다. 이미 역사적으로나 현상적으로 존재하는 대안들이다. 국민이 자신의 주권을 통제하고 지배하는 민주주의 권력구조를 추구한다. 권력에 대한 자기지배의 원리를 끊임없이 추구하는 상상혁명이다.

　상상혁명 3부는 '선거'편이다. 선거는 민주주의의 꽃이다. 누구든지

이 꽃을 좋아한다. 자신이 권력의 주체라는 것을 확인하는 주요한 수단이다. 자유민주주의 체제의 선거는 생화가 아니라 조화다. 그 수단은 보통·평등·비밀·직접선거라는 자유민주주의 선거원칙이었다. 그런데 1인 1표제나 1인 2표제는 평등을 가장한다. 과반수 의사결정은 민주주의의 함정이었다. 기성세대들은 청소년·소녀들의 권리를 억압하고 있다. 만 40세 이상이어야 대통령 후보로 나설 수 있다는 역사적 근거는 없다. 만 15세 청소년·소녀들이 선거권과 피선거권을 갖지 않을 이유가 없다. 단지 기성세대들이 만든 경험주의에 불과했다. 상상혁명 3부에서는 선거를 국민의 생화로 만들고 있다. 국민은 일상생활에서 민주주의의 꽃향기를 맡아야 한다.

　상상혁명 4부는 '정치' 편이다. 정치인은 어느 시대나 존재했다. 정치인은 시대를 막론하고 권력의 꿀맛을 찾는다. 정치인이 누리는 무한한 특권은 국민의 피와 땀이다. 소수 특권화였다. 특권이 없는 정치가 역사적으로 존재했다. 지도자는 권력이 아니라 권위로 만들어진다. 정당이 국고보조금을 받아야 할 이유가 없다. 지방자치제는 풀뿌리민주주의가 아니다. 그것은 지배권력의 전국적 네트워크에 불과하다. 상상혁명 4부는 국민을 정치의 주인으로 만들자고 주장하고 있다. 국민 스스로 자기의지를 지배하고 통제하는 민주주의이다. 조작으로부터 자유로워지는 민주주의이다. 두려움에서 해방되는 자유이다.

　정치는 전복의 역사다. 현실의 민주주의를 지속적으로 전복하여 권리를 확장하는 과정이었다. 정치가 조화라는 의식은 자유민주주의 체제의 조작에 불과하다. 서로 양보하는 것이 미덕이라는 역설이다. 모순이 양보와 조화로 해결된 역사는 없다. 민주주의는 그 형식과 내용을 달리하는 혁명의 연속이다. 《민주주의를 혁명하라!》는 정치학을 재구성하는 과정이다.

기득권 지배세력을 중심으로 하는 정치학이 아니다. 국민의 정치학이다. 정치적 논리를 창조하는 상상력의 정치학이다. 민주주의는 국민의 것이다. 민주주의는 국민이 자유로울 때 더 많은 상상력으로 작용한다. 이것이 바로 국민주권의 세상이고 상상혁명이다.

우리나라 헌법은 자유민주주의 체제에 구속되어 있다. 권력은 국민으로부터 나오는 것이 아니었다. 헌법 제1조에 반한다. 사회계약의 주권자는 국민이 아니라 국가였다. 국민은 국가를 위해 존재하였다. 제헌헌법은 국민이 만들지 않았다. 기득권 지배세력이 자신의 헌법을 위해 국민을 동원하였다. 우리나라 자유민주주의 체제의 역사와 현실이 이러하다. 상상혁명은 그동안 자유민주주의 체제가 허용했던 헌법을 넘어서고 있다. 헌법의 주인은 국가가 아니라 국민이다.

상상혁명 1 _ **헌법**

자유민주주의공화국과 민주주의

공화국은 민주주의 사회?

공화국은 주권을 가진 국민이 국가를 지배하는 국가형태이다. 이러한 국가형태는 전제왕정이나 절대주의 군주정, 폭군정과 다르다. 공화국에서는 국민의 주권을 위임받은 대표자가 국가를 지배하기도 하고 혹은 국민 스스로 국가를 지배하기도 한다. 두 가지 국가형태 모두 공화국이다. 대의제 민주주의를 지향하는 공화국이 있는가 하면 직접민주주의를 지향하는 공화국도 있다.

공산주의 국가였던 구소련도 소비에트연방공화국이었다. 우리나라와 같은 민족이면서도 적대적 관계를 맺고 있는 북한도 조선민주주의인민공화국이다. 이 두 나라 역시 헌법을 가지고 있고 또한 주권을 가지고 있는 공화국이다. 이 외에 많은 공산주의 국가들도 공화국이다. 그런데 사람들은 자유민주주의공화국이 아닌 공화국을 공산주의 국가라고 적대시한다.

우리나라도 공화국이다. "대한민국은 민주공화국이다. 대한민국은 민주공화국이다. 대한민국의 모든 권력은 국민으로부터 나온다." 2008년 촛불광장에서 노래로 울려 퍼진 헌법 제1조다. 국민 모두 이러한 사실을 잘 알고 있다. 헌법 제1조의 규정이 정말 맞는 것일까? 의문의 꼬리표를 다는 것 자체가 민주주의에 대한 상상혁명이다.

구소련이나 북한도 공화국이고 우리나라도 공화국이라는 사실 앞에서 공화국이 무엇인지 혹은 주권이 무엇인지 자신 있게 말할 수 있는 사람은 그리 많지 않다. 국민은 그저 헌법의 규정이 곧 민주주의의 기본원칙이라는 포괄적이고 일반적인 사실만을 알고 있다. 많은 사람들은 또한 공화국을 어떻게 분류하는지 혼란스러워한다. 우리나라는 역사적으로 공화국이 얼마나 있었고 지금 현재는 몇 공화국인가의 문제이다.

우리나라는 현재 소위 '87년 헌정체제'인 제6공화국에서 살아가고 있다. 1987년 6월민주항쟁으로 전두환 정권의 몰락과 함께 제5공화국도 몰락하였고, 박정희 군부독재자의 사망과 함께 제3공화국과 제4공화국도 사라졌거나 제1공화국도 이승만 독재정권의 소멸과 함께 그 명을 다하였다는 사실에 대해 잘 알고 있을지 몰라도, 제2공화국이나 제6공화국에 대해서는 의식의 언저리에서 벗어나기가 십상이다. 어떤 공화국에서는 몇몇의 정권들이 지속되기도 하였고, 어떤 공화국은 하나의 정권만이 있었다. 1987년 이후 정부도 많이 바뀌어 이름도 문민정부, 국민의 정부, 참여정부 등 아주 다양했는데, 정부가 바뀌어도 공화국은 바뀌지 않는 것인가?

공화국을 말하면서 로마공화정을 이야기하지 않는 사람들은 거의 없다. 민주주의의 연원을 고대사회에서 찾는 과정이다. 로마의 대표적인 문인이자 정치가였던 키케로는 자신의 공화국론에서 로마공화정을 고위관료들의 권력potestas, 원로원의 권위autoritas, 그리고 인민의 자유libertas가 균형을 이룬 안정되고 균형이 잡힌 체제라고 하였다. 로마공화정은 한마디로 왕정체제에 저항하면서 출현하기 시작한 도시국가 간의 갈등을 '포섭과 동맹'이라는 정치체제로 수렴하면서 발생하였다. 신분제도에서 비롯되는 갈등도 이러한 체제에서 해소되었다. 로마의 지배세력들은 더 이상 왕정체제를 유지하기 어려운 조건에서 군주의 집정관, 귀족세력의 원로원, 그리고 시민세력의 호민관이라는 체제를 바탕으로 조화와 균형을 추구하였다. 이러한 지배전략은 제국의 힘을 유지하고 강화시켜 나가는 수단이기도 했다. 로마는 전쟁으로 정복한 국가와도 권력분점 체제를 유지하였다. 정복한 도시국가의 지배세력에 자율적 통치권을 부여하는 대신 예속국가로서의 의무만을 강요했던 것이다. 정복당한 도시국가의 지배세력은 로마의 지배세력과 혈맹관계를 맺는다. 전쟁에서 패한 이상 로마 시민으로 편입할 수 있는 로마의 공화정 체제를 선호하였다. 그들은 자신의 기득권을 상실하지 않고 지배권력을 유지할 수 있었다.

근대적인 공화국은 영국이나 프랑스의 시민혁명과 함께 탄생하였다. 1688년 영국의 명예혁명과 1789년 절대군주에 저항하는 프랑스 민중들의 혁명적 투쟁으로 공화정의 서막이 열렸다. 시민혁명은 자유와 평등의 원리 아래 국민주권, 저항권, 사유재산의 불가침권, 보통선거에 의한 국민총회 아래서 국왕제의 폐지, 의회의 정착, 공화정의 수립 등을 추구하였다. 그러나 그것은 절반의 민주주의였다. 절대군주나 귀족들은 부르주아지들과 협의하여 공화정을 도입하는 대신에 권력을 서로 분점하는 체제를 구축하였다. 의회제와 군주제가 동시에 존재하는 공화정이었다.

영국에서는 의회에서 왕위 계승을 결정하는 대신 입헌군주제가 도입되었다. 물론 프랑스에서는 1848년 2월혁명을 끝으로 왕국이 멸망하지만, 1789년 이후 입헌군주제를 세 번, 제정정치를 두 번, 공화제를 다섯 번, 그리고 한 번은 노동자·민중의 자치제인 코뮌을 도입하였다. 이러한 혁명적 투쟁은 공화정을 도입하게 되는 계기였다. 1919년 차르체제의 러시아를 소비에트(인민공화국) 공화국으로 만든 러시아혁명도 그렇다. 제2차 세계대전 이후 식민지 국가를 공화국으로 독립시켰던 세계적인 민족해방혁명도 마찬가지이다. 그렇지만 모든 공화국이 혁명의 실질적 주체였던 노동자·민중에게 권력을 보장하지 않는다. 특히 자유민주주의공화국은 그렇다. 왜냐하면 지배세력 간의 권력을 분점하는 정치체제를 옹호하였기 때문이다.

대한민국도 1945년 일본 식민지 제국으로부터 해방을 맞이하고 난 이후 공화국을 수립하였다. 그 중심에 식민지 시절부터 해방운동을 전개했던 좌파 정치세력들과 식민지 권력에 의존하거나 협력했던 친일세력들이 있었다. 물론 민족주의 세력들도 남북한이 통일되는 민족공화국을 수립하려 하였지만, 실질적인 권력투쟁은 좌파 정치세력과 미군정 간에 전개되었다. 좌파 정치세력들은 노동자·민중의 공화국을 수립하려 했고 미군정은 자유민주주의공화국을 수립하려 했다. 해방정국 당시 노동자·민중의 공화국은 여타의 계급과 계층의 사람들을 노동자·민중이 지배하는 사회였다.

우리나라 국민은 1948년에 자유민주주의공화국을 수립하였다. 정말 국민이 국가를 만들었을까? 60년이 지났지만 아직까지도 쉽게 풀지 못하는 숙제이다. 미군정 세력들이 우리나라에 진주하여 국가수립에 어떤 역할을 했는가도 풀어야만 할 과제이다. 우리나라에는 자유민주주의공화국을 위해 국민을 억압했던 역설의 역사가 존재한다.

미군정 세력들은 1945년 9월에 군대를 앞세워 남한으로 진주하였다.

미군정 세력들이 그동안 노동자·민중의 공화국을 수립하려는 좌파 정치세력들의 활동을 불법화시키고, 이에 저항하는 노동자·민중들을 물리력으로 억압하였다. 반면에 친일세력과 이승만은 남북한에 대한 국제적 신탁통치를 적극적으로 수용하면서 자유민주주의공화국의 수립에 박차를 가하였다. 미군정은 자유민주주의를 위해 국민을 억압해도 된다는 것을 보여 주었다. 자유민주주의 체제를 수호하려 했던 세력들은 한국전쟁에서 수많은 민간인들을 학살하였다. 국가권력은 역시 그 이후에도 국민을 자주 학살하였다. 자유민주주의 세력은 필요하다고 생각하는 순간 국민을 억압하기 위해 경찰과 군인을 동원하였다.

　　미국은 전후처리와 관련된 분쟁에 유엔이 관여해서는 안 된다는 유엔헌장 107조의 규정까지 위반하면서 남북한 문제를 제2회 유엔총회에서 해결하려 하였다. 소련이 유엔안보리에서 거부권을 가지고 있었기 때문이다. 미국은 법이나 규정을 힘으로 어길 수 있다는 파시즘적 자유도 보여 주었다. 미국은 결국 소련이 불참한 상태에서 남북문제의 두 가지 해결방안을 유엔총회의 결의사항으로 이끌어 냈다. 첫째로는 한반도에 국민정부를 수립하기 위해 1948년 3월 31일 이전에 선거를 실시하는 것이었다. 둘째로는 공정한 선거를 위해 호주, 캐나다, 대만, 엘살바도르, 프랑스, 인도 등 8개 국가 대표로 구성되는 유엔임시조선위원단을 파견한다는 것이었다.

　　유엔임시조선위원단은 한반도에서 사실상의 공정한 선거가 불가능하다고 보고하였다. 그러나 유엔은 유엔임시조선위원단의 보고와 소련의 불참에도 불구하고, 1948년 2월 26일에 한반도에서 선거를 강행해야 한다고 결정하였다. 이처럼 미국은 일본 제국주의 식민지에서 해방된 남한을 새로운 식민지 국가로 만들기 위해 박차를 가했다. 미국은 자신의 의도를 당연히 친일세력과 이승만을 통해 관철시키려 하였다. 그것이 바로 우리나라 자유민주주의공화국이었다. 미국과 이승만 그리고 친일세력들은 1948년 5월부터 제헌의회를 구성하여 헌법을 만들고, 8월 15일에 자유민주주의공화국을 수립하였다. 우리나라 국민은 그 이후 현재까지 여섯 번의 공화국을 거쳤다. 지금은 제6공화국이다. 우리나라 공화국의 분류는 간단하다. 헌법의 전면적인 개정과 함께 정치체제의 혁명적 변화, 예를 들면 대통령제가 의원내각제로 변한다든가 양원제가 단원제로 변한다든가 그 반대의 현상이 발생하였을 경우에 새로운 공화국이 탄생한다.

그런데 모든 공화국이 민주주의 정치체제로 유지되는 것은 아니다. 공화국과 함께하는 다양한 정치체제가 존재할 수 있다. 군부독재 정치체제도 자유민주주의공화국의 한 정치체제에 해당한다. 그렇다면 공화국과 민주주의는 함께 존재하기 어렵다는 말인가? 아니다. 국민이 국가권력이나 통치권을 실질적으로 통제할 수 있는 공화국도 있다. 그 상상적 대안은 자유민주주의공화국이 아니라 '국민자치공화국'이다. 우리나라 헌법 제1조를 다음과 같이 바꾸면 된다. "대한민국은 국민자치공화국이고, 대한민국의 주권과 권력을 국민이 통제한다."

현행 헌법 제1조의 규정은 절반의 민주주의만을 추구하고 있다. 대한민국의 모든 권력이 국민으로부터 나온다고 하지만 국민이 대한민국의 모든 권력을 통제하는 것은 아니다. 국민을 권력의 주체로 보는 것이 아니라 권력을 형성하는 수단으로 간주한다. 민주공화국의 민주는 자유민주주의만을 추구하는 민주주의다. 모든 개인이 자유를 가지고 있다는 명분으로 국민의 실질적인 권리를 침해한다. 국민은 단지 자유민주주의 국가의 모든 권력을 형성하는 데 참여하면 그만이다. 따라서 공화국과 민주주의가 함께 존재하려면 국민이 권력의 실질적 주체가 되어야 한다. 그것이 바로 국민자치공화국이다.

국민자치공화국은 권력을 지배세력 간에 분점하는 공화국이 아니라 국민이 모든 주권과 권력을 통제하면서 스스로를 통치하는 공화국이다. 국민이 군통수권, 세금징수권, 관리임명권 등을 보유하는 공화국인 것이다. 많은 사람들은 통치자 없이 이러한 국가가 유지될 수 있을 것인가에 대해 의문을 품는다. 권력을 둘러싼 분쟁만이 존재할 수 있지 않을까? 누가 관리할 것인가? 국민자치공화국은 관리나 통치권자를 부정하지 않는다. 관리나 통치권자를 국민이 임명하는 것이고 그들의 권한을 국민이 통제하는 것이다. 예를 들면, 국민자치공화국에서 관리나 통치자들은 일회적인 선거로 임명되는 것이 아니라 전국관리임명위원회에서 추천된 사람들을 국민이 복수로 선출하고 난 이후 전국국민자치위원회와 같은 기구가 선출된 사람들 중에서 최종적으로 임명하는 것이다. 물론 국민은 전국관리위원회, 전국국민자치위원회, 그리고 선출된 통치자나 관리들에 대한 통제권을 보유한다. 통제권의 구체적인 대안도 없는 것이 아니다. 업무에 대한 감사, 업무회의의 공개, 업무권한의 정지 및 박탈, 업무와 관련된 법과 제도의 폐지 등의 권한을 국민에게 부여하면 된다.

세계사적으로는 파리코뮌에서 국민자치공화국의 연원을 찾을 수 있다. 파리코뮌은 1871년 3월 28일부터 5월 28일까지 프랑스의 수도 파리에서 시민과 노동자들의 봉기로 수립된 혁명적 자치정부이다. 파리코뮌의 평의회는 순식간에 시민과 노동자에게 자치권력을 부여하였고, 파리코뮌 집행위원회는 군사·재정·식량 등의 9개 위원회를 설립하여 국민의 자주관리체계를 구축하였다. 국민은 스스로 권리와 의무를 결정하고 그에 준하는 자주관리의 권력을 보유하게 되었던 것이다. 파리코뮌 평의회는 이를 위해 징병제와 상비군의 폐지 및 인민에 의한 국민군의 설치, 관리봉급의 최고액 결정, 주요 공장에 대한 노동조합의 관리 등의 정책과 법령을 마련하였다. 비록 파리코뮌은 1871년 5월 28일 프로이센과 결탁한 정부군과 일주일 동안 싸우다가 붕괴되었지만 아주 짧은 기간 동안에 국민이 권력을 지배하는 자치공화국의 토대를 구축하였다.

국민의 자치공화주의!

우리나라의 자유민주주의는 교과서를 통해 지구상의 수많은 국가 가운데 미국, 프랑스, 영국 등을 민주주의의 본산지이자 자유의 천국이라고 가르친다. 국민은 이들 국가가 정말 그러한지 의심하지 않았다. 그런데 자유의 천국인 영국에는 아직도 왕이 존재한다. 미국에는 인종차별이 심하다. 자유민주주의의 원조국가인 영국에 웬 입헌군주제인가? 노예를 해방시키면서 자유민주주의를 정착시킨 미국에 웬 인종차별과 전쟁인가? 자유민주주의의 천국에 자유가 없었다. 자유를 앞세운 군주와 차별과 폭력만이 존재하였다.

미국, 영국, 프랑스에서 여성의 참정권은 각각 1919년, 1928년, 1946년에 인정되었다. 권력분립과 인권선언의 진앙지이고 민주주의의 원산지로 간주되는 프랑스에서조차 프랑스혁명 이후 약 157년 동안 여성들에게 참정권을 허용하지 않았다. 프랑스혁명 당시 올랭프드구즈라는 여성혁명가가 "여성도 연단에 오를 권리를 가져야 한다"며 여성참정권을 주장하자,

프랑스 자유민주주의공화국은 그녀를 단두대에서 사형시켰다. 프랑스 여성은 인권선언에서 인간으로 대접받지 못하고 단지 노동력을 재생산하는 도구로 취급되었다. 여성만이 아니라 노인이나 어린이도 고대사회의 노예와 마찬가지였다. 1787년에 민주주의의 기본원칙인 3권분립을 채택한 미국에서도 흑인의 참정권은 1964년이 되어서야 보장되었다.

미국이 감추고 싶어 하는 몇 가지만 들어도 자유의 천국에 자유의 지옥도 있다는 것을 쉽게 알 수 있다. 빈부격차의 지옥, 도박과 포르노 지옥, 로비의 지옥, 인종차별의 지옥, 인권탄압의 지옥, 총기 사망 사건의 지옥, 전쟁의 지옥이 바로 미국이다. 영국도 입헌군주 및 귀족을 중심으로 신분차별과 폭력의 자유가 만연되어 있다. 사회복지의 천국이라고 하는 북유럽의 자유민주주의 국가들도 입헌군주제를 폐기하지 않고 있다. 스웨덴, 네덜란드, 노르웨이, 덴마크 등은 아직까지 입헌군주제를 유지하고 있다. 이 외에 일본, 타이, 벨기에, 스페인 등도 입헌군주를 인정하고 있다. 영국이나 일본, 태국의 입헌군주제는 자유민주주의 체제와 함께여서 괜찮고, 북한의 입헌영도제는 사회주의 체제와 함께해서 문제가 되는 것이 우리나라의 자유민주주의이다.

군주제조차 허용하는 민주주의가 자유민주주의다. 모든 사람은 법 앞에서 평등한 권리를 갖고 있다. 누구나 시민적 자유를 누릴 자격이 있다는 것이다. 군주도 시민의 한 사람으로서 자유를 누릴 권리를 가지고 있다. 자유민주주의 국가의 헌법이나 각종의 법에서 천명하고 있는 내용이다. 모든 사람들이 입헌군주 국가의 헌법이나 법 앞에서는 평등하지만, 그 헌법이나 법은 입헌군주에게 평등을 뛰어넘는 특권을 부여한다. 자유민주주의가 내세우는 법치의 원리는 개인적 자유의 그늘막으로 군주를 보호하는 특권계급 보호주의다. 자유민주주의의 법치는 모든 사람에게 권리를 부여하되 전제군주제에서 누려왔던 권리만을 보장하였다. 자유민주주의는 토지를 중심으로 하는 왕과 귀족의 사유재산과 그 재산의 상속을 법으로 보장한다. 반면에 자유민주주의는 노동자·민중의 계급적 자유를 인정하지 않는다. 노동자·민중은 강요받는 노동을 하면서 살아야만 한다. 일을 하지 않고 놀고 싶을 땐 강제로 일을 해야만 하고, 일을 하고 싶을 땐 일을 할 수 없는 계급적 자유의 역설이다. 자유민주주의는 이러한 역설이 파괴되는 것을 두려워한다.

역사적으로 입헌군주제는 국민주권을 허용하지 않았다. 군주가 자유민주주의 체제의 최고통치권자이자 대외적으로 국가를 대표하는 주권자이다. 프랑스의 보댕이 주권을 설명하면서 국왕의 권력은 교황이나 봉건영주 등의 권력보다 우월하여 대내적으로는 최고이고, 대외적으로는 독립의 주권이라고 했던 말이 정답이다.

태국에서는 감옥에 구속될 각오를 하지 않는 한 국왕을 험담하거나 국왕의 명예를 훼손하지 말아야 한다. 태국의 국왕은 자유민주주의의 각종 법보다 우월한 권력을 보유하고 있다. 아직까지도 국왕의 말이 곧 법이고 제도이다. 네덜란드의 한 NGO 활동가가 태국에 와서 왕의 포스터에 페인트를 뿌렸다는 죄목으로 사형을 선고받았다가 네덜란드 국왕이 태국 국왕에게 전화를 걸어 사면을 요청해서 풀려났다는 일화는 아주 유명하다. 북한에서도 영도자인 김일성을 태국의 국왕과 같은 존재로 여겼을 것이다. 김일성은 북한 정권을 수립하고 난 이후 사망할 때까지 영도자의 권력을 누렸다. 1인이 권력의 천수를 누렸다. 이 과정에서 그에게 도전했던 세력이 북한에서 발생하지 않았던 이유는 무엇일까? 김일성이 태국의 국왕과 비슷한 군주였을 것이라고 상상하지 않을 수 없다. 그런데 태국이나 북한 모두 공화주의를 추구하고 있다. 차이가 있다면 태국의 공화주의는 자유민주주의 정치체제와 결합되었고 북한의 공화주의는 인민민주주의 정치체제와 결합되었다는 점이다.

사전적 의미로 볼 때, 공화는 참으로 공동체 구성원들의 모든 희망으로 내세울 만하다. 공화주의는 공동체 성원들 간의 자유, 평등, 공공선, 법치를 핵심적 가치로 여기는 사상이기 때문이다. 역사적으로 이러한 희망은 화합과 상생의 이념으로 정착되었다. 동일한 법과 규칙 아래서 권리와 의무를 함께 나누는 것을 지향한다는데, 그 이념을 탓할 사람은 그리 많지 않을 것이다. 공동체의 법과 규칙이 국민의 자치주의를 실현하면 된다.

공화주의는 이중적인 의미를 담고 있다. 기득권 지배세력의 공화주의와 노동자·민중의 공화주의가 서로 다르다. 기득권 지배세력은 사회체제를 유지하고 강화하는 공화주의의 이념을 숭상한다. 공화주의는 공동체 성원들에게 기득권 지배세력의 이해가 반영되어 있는 윤리, 덕목, 자질, 헌신과 봉사의 정신 등을 법과 제도로 강요할 수 있기 때문이다. 반면에 노동자·민중은 기득권 세력을 지배할 수 있는 공화주의 이념을 숭상한다. 그것은 자유와 평등을 실현하는 자기통치의 원리 이념이기 때문이다. 이처럼 공화주의는 자유와 평등을 둘러싼 투쟁의 역사이자 현실이다.

공화주의의 연원을 살펴보면, 공화주의 사상은 선언적으로는 신분적 차별의 폐지 및 사회경제적 차원의 평등도 주창했었다. 하지만 결과적으로 기존의 사회경제적 토대를 무너뜨리는 차원의 사상은 결코 아니었다. 귀족들이나 군주들이 보유하고 있는 사회경제적 토대를 보존시키면서 사회구성원 각자의 조건을 서로 인정하자는 것이었다. 자유민주주의 정치체제는 자본주의 지배질서에서 발생하는 계급 간의 갈등과 모순을 자본의 공동체를 위한 공화주의로 대체하였다. 노동자·민중은 사회공동체 성원으로서 자본의 공동체를 위해 헌신과 봉사의 정신으로 계급 간의 화합과 상생을 지향해야만 했었다. 자본주의 체제의 부르주아 계급은 공화주의의 핵심인 노동자·민중의 계급적 자유를 공동체 성원의 개별화된 자유로 대체시켰다. 자유민주주의 체제의 공화주의는 노동자·민중의 계급적 자유를 부정한다.

이 원리를 실현할 수 있는 상상적 대안도 존재한다. 그것은 '국민자치공화주의'이다. 노동자·민중이 투쟁으로 획득한 공화주의를 자본주의 사회의 지배계급으로부터 다시 되찾는 것이고, 공화주의에 내포되어 있는 노동자·민중의 통치원리를 복원하자는 것이다. 국민은 자본의 공동체가 지향하는 공화주의를 노동의 공동체가 지향하는 공화주의로 전복할 필요가 있다. 국민은 공화주의의 원리 중에서 자기통치의 원리를 내세워야 한다. 이것이 자치의 원리인 자기지배이다. 루소가 생각했던 민주주의의 원리를 새롭게 구성하여 말한다면, 민주주의는 국민의 자기통치이다. 누군가가 국민을 지배하는 것이 아니라 국민 스스로 자신을 통치하는 민주주의를 의미한다. 국민이 일상생활에서 느끼는 행복지수를 스스로 높여 나가고 그 느낌을 지속시킬 수 있는 민주주의 사회의 원리이다. 이러한 민주주의를 실현할 수 있는 헌법의 원리는 바로 국민자치공화주의이다. 국민자치공화주의는 사회적으로 차별과 착취가 없어야만 실현될 수 있다. 공동체 성원들이 서로 간의 차이를 유기적으로 결합해 나가는 국민의 자치공화주의 세상이다.

국민이 우리나라 헌법의 전문에서 규정하고 있는 자유민주적 기본질서를 자치민주주의로 대체하면 어떨까? 헌법의 전문을 고친다는 것은 그 사회의 자유가치와 질서를 바꾼다는 의미이기 때문이다. 우리나라 헌법의 전문에는 "자율과 조화를 바탕으로 자유민주적 기본질서를 더욱 확고히 하여 … 자유와 권리에 따르는 책임과 의무를 완수하게 하여 … 우리들의 자손의 안전과 자유와 행복을 영원히 확보할 것을 다짐하면서"라는 내용이 있다. 만약 자유민주주의공화국이 국민의 행복과 권리를 보장하지 못한다면, 국민은 자유민주적 기본질서를 국민의 자치질서로 바꿀 필요가 있다. "자율과 권리를 바탕으로 자치민주적 기본질서를 확고히 하여 … 자치와 권리에 따르는 책임과 의무를 완수하게 하여 … 우리들의 자손의 권리와 행복을 영원히 확보할 것을 다짐하면서"로 말이다.

국민주권과 헌법 민주주의

사회계약의 주권자는 국가?

우리는 계약을 맺거나 해지하면서 살아간다. 이해관계가 걸린 계약들이다. 사람들은 돈과 관련된 계약에 대해서는 매우 소중하게 생각한다. 그런데 국가나 사회와 맺은 계약에 대해서는 그렇지 않다. 자연과 맺은 계약에 대해서도 마찬가지이다. 사람들은 우리나라 국적을 취득한 순간부터 국민의 의무와 권리를 보유한다. 모든 국민은 법과 제도를 인정해야만 한다. 사람들은 대부분 국가 없이 살 수 없다고 간주한다. 그런데 주변에는 법 없이 살 수 있는 사람들이 아주 많다. 이러한 사람들은 국가의 법이나 제도와 무관하게 살아간다. 국가로부터 구속받지 않고 자유롭게 살 수 없는 것인가? 그저 자연인으로 살아가는 것이 꿈인 사람도 많다. 그런데 국가는 인간에게 그런 자연상태를 허용하지 않는다. 인간이 태어나면서부터 국가나 사회와 맺은 계약 때문이다.

아프리카 대륙에서 만난 사람들은 거의 매일 저녁에 동네 광장에 모여 축제를 벌이면서 공동체의 자연상태를 보다 잘 유지하기 위해 지혜를 모은다. 그 속에서는 한 사람 한 사람의 지혜가 촌장과 족장의 지혜가 되고 촌장과 족장의 지혜가 자연상태를 유지하는 힘으로 작동하였다. 이들에게도 국가 단위의 헌법과도 같은 법 아닌 법이 있었다. 일종의 자연적 율법이나 자연법이라고도 할 수 있는데, 공동체 성원들이 인정하고 동의해 왔던 자연적 법질서였다. 촌장이 만든 것이 아니라 모든 사람의 지혜로 만들어진 전통적이면서도 현실적인 율법이자 자연법이었다. 촌장이나 족장은 그 법으로 자연상태를 지배하지 않았다. 그저 전통적이면서도 현실적인 율법에 따라 자연상태를 유지하는 데 봉사하고 그 대가로 존경과 권위를 인정받았다.

자연상태를 극복하고자 하는 인간의 사회계약을 계기로 국가가 출현하였다고 생각하는 사람들이 있다. 홉스와 로크 그리고 루소였다. 이들은 자연상태를 서로 다르게 이해했지만, 사회계약을 해야만 하는 인간 군상들의 모습에서 전제군주 혹은 국가의 정당성을 찾거나, 자유롭고 평등한 인간의 세상을 찾았다는 점에서 공통성이 있다. 인간은 국가나 사회와 계약하여 자연상태에서 유지하기가 쉽지 않은 안전과 생존을 보장받으려 하면서도 동시에 자유와 평등을 보장하는 자연상태로 돌아가려 했다.

홉스, 로크, 루소의 사회계약은 자연상태의 인간들이 사회 및 국가와의 관계를 어떻게 유지하면서 생활하게 되었는지, 일종의 계약으로 만들어진 국가가 권력을 매개로 국민의 안전과 권리를 어떻게 보장해야 하는지에 대해 잘 보여 주고 있다. 홉스는 인간의 자연상태를 원시적인 야만의 상태로 생각하였다. 자연상태의 인간은 개인 간의 합의나 가치기준을 만들지 못해 만인에 의한 만인의 투쟁상태에 머무른다는 것이었다. 욕망을 둘러싼 갈등과 분쟁만이 존재하는 자연상태를 극복하지 못한다고 보았다. 이러한 원시적 야만의 상태를 극복하기 위해서는 리바이어던Leviathan이라는 국가형태의 정치집단 내지 정치권력에 자연권을 양도해야 하는데, 양도의 과정이 곧 사회계약인 것이다. 국민 개개인은 정치적인 사회계약으로 무제한적인 자연권을 포기하면 된다.

반면에 로크는 인간의 자연상태를 자율적인 규율의 상태로 보았다. 자연상태의 인간은 모두가 평화롭고 평등하게 다른 사람의 생명과 자유를 침해하지 않는다는 것이었다. 욕망에 대한 인간 상호 간의 절제가 사회적으로 가능하다고 보았다. 인간은 자율적인 규율의 상태를 유지하기 위해 시민사회 내지 정치사회를 개인의 동의 하에 형성하게 되는데, 이 과정이 곧 사회계약이다. 그런데 로크는 사회계약을 파기할 수 있는 힘을 국민의 수동적이면서 소극적인 저항권과 혁명권에서 찾았다. 이는 국민이 다수결의 원리에 기초한 간접민주제 하에서 권력남용 등과 같은 부당한 권력의 폐해를 억제할 수 있어야 한다는 의미이다.

루소는 인간의 자연상태를 자유롭고 평등한 상태로 간주하였다. 사회 구성원들이 어느 한 집단이나 개인이 아닌 공동체 전체에게 모든 권리를 양도하여 안전을 보장받는 상태였던 것이다. 인간이 사회적 관계의 총체적인 주체임을 고려할 때, 루소는 공동체 성원 간의 권리를 개인적 관계로 설정한 것이 아니라 사회적 관계로 설정하였다. 그래서 루소는 인간이 사회계약을 맺는다 하더라도 통치권을 국민이 보유하고 있어야 인간의 자연상태를 유지할 수 있다고 하였다. 사회계약을 맺은 정부는 주권자인 국민에게 종속된 집행권력에 지나지 않는다는 것이다.

정치철학자들은 기본적으로 정치권력의 출현을 주권자들의 의지에서 찾고 있다. 루소의 사회계약론에 따르면 국민의 의지가 바로 정치권력의 출현 여부를 결정하게 된다. 홉스는 주권자들의 자연상태를 폭력적이고 미개한 공동체로 보았고, 로크와 루소는 이성적인 주체들의 공동체로 보았다. 그래서 홉스는 사회계약이나 주권의 중심인 절대군주를 옹호하여 절대군주제를 발전시킨 반면에 루소는 공동체 주권자들의 의지보다 우위에 설 수 있는 절대자들의 통치권력을 인정하지 않는다. 대외적으로 독립적이고 주체적인 국가의 주권도 정치적 공동체의 구성원인 국민에 의해 형성되는 만큼 국가의 법이나 최고통치권자라도 국민의 주권을 짓밟을 수 없다. 루소의 사회계약론에 따르면 아무리 수동적이고 소극적이라 할지라도 국민의 저항권과 혁명권을 인정하지 않는 사회계약이란 존재하지 않는다. 헌법 제1조의 "대한민국의 주권은 국민에게 있고, 모든 권력은 국민으로부터 나온다"는 것은 국민의 권리를 침해하는 국가권력에 저항할 권리가 국민에게 있다는 의미이다.

국민의 안전과 행복은 주권자들의 기본적인 생활권리이다. 사회계약의 꽃은 국민에게 생활권리를 보장하는 것이다. 그 누구도 이 권리를 침범하지 못한다. 헌법이든 대통령이든 마찬가지이다. 생활에 고통을 가져다주는 모든 것은 저항권과 혁명권의 대상이다. 국민의 저항권과 혁명권을 인정하지 않는 정부와 법은 사회계약의 근본적 원리조차 부정하는 계약위반이다. 국민은 그들과 계약을 파기하고 새롭게 계약을 맺을 수 있는 주권자들이다.

루소가 2008년 촛불광장에서 우리나라 역대 대통령들을 만났다면 이렇게 호통을 칠 것이다. '너희가 사회계약을 알아? 사회계약도 모르면서 무슨 대통령이야! 국민의 안전한 먹을거리조차 보호하지 못할 바에야 국민에게 권력을 돌려주라! 국민이 계약을 파기하자고 하면 그것을 따르고, 욕을 얻어먹으면서까지 권력에 매달리지 말고 차라리 속이라도 편하게 국가권력을 국민에게 돌려주어라!'

한 국가의 주권을 국민이 보유하고 있는 이상 사회계약을 파기하거나 그 계약의 내용을 변경할 수 있는 주체는 국민이다. 국민 스스로 국가와의 사회계약을 파기할 수 있는 권리를 확보하는 것이다. 이 권리는 헌법이나 국가를 초월하고 국가권력을 지배하는 국민의 주권이다. 국민은 언제든지 사회계약을 새롭게 맺어 새로운 국가를 만들 수 있어야 한다. 이를 위해서는 국민의 저항권과 혁명권이 헌법상에서 우리나라의 최고 권리로 인정되어야 한다. 국민이 사회계약의 대상인 국가를 관리해야만 하는 근거이기도 하고 양질의 자연상태를 유지하기 위한 권리이기도 하다.

구체적인 대안으로는 헌법효력정지권을 국민이 보유하는 것이다. 국가를 관리할 수 있는 첫 번째 대안이다. 대부분의 경우 헌법의 효력이 정지되는 것은 쿠데타나 혁명과 같은 정변이 발생하였을 때다. 그 외에는 국가의 법률이나 정책의 최종적인 정당성 여부를 헌법재판소가 헌법을 근거로 판단한다. 헌법재판소가 사회계약의 내용까지 위반하면서 판단한다 하더라도 헌법의 효력은 지속된다. 오히려 국민을 지배하려는 국가의 가치와 의지만이 반영되곤 한다. 국민은 이 과정에서 사회계약의 권리를 침해받는다. 국회도 역시 국민의 권리를 보장하지 못하는 경우가 허다하다. 국민은 저항권과 혁명권을 실현시켜 자신의 사회계약을 보호할 필요가 있다. 그 주요한 수단은 헌법효력정지권이다.

다음으로는 국민이 국가에게 세금을 납부하지 않을 권리이다. 대부분의 국가는 국민에게 납세의 의무를 부여한다. 대부분의 사람들은 왜 세금을 내야 하는가에 대해 크게 고민하지 않는다. 헌법에서 규정하고 있는 의무 때문인지 아니면 세금을 내지 않을 경우에 국가가 여러 가지 방법으로 괴롭혀서 그런지는 잘 알지 못한다. 하지만 세금은 국민과 맺은 사회계약을 실현하는 데 필요한 국가재정임에 틀림없다. 국가는 이 돈으로 국민에게 편안하고 행복한 자연상태를 보장해야 한다. 국가가 만일 사회계약의 내용을 실현하지 못할 경우 국민이 사회계약의 집행권력에 불과한 국가를 수시로 교체할 수 있다면 최선이다. 그런데 사회계약의 집행권력에 불과한 국가가 사회계약의 주체인 양 국민을 억압하거나 통제하는 경우가 허다하다. 사회계약의 본말이 전도된 상황에서 국민이 선택할 수 있는 방안은 집행권력의 윤활유를 공급하지 않는 것이다. 국민이 납세거부권을 가지고서 사회계약의 집행권력을 실질적으로 통제하고 관리하면 된다.

마지막으로는 국민이 직접 국가정책최고심의위원회를 구성하고 그 위원회가 국가정책을 최종적으로 결정하는 권리이다. 주권이 국가의사의 최고결정권이라고 할 때, 국가정책에 대한 최종결정권을 국민이 보유하는 대안이다. 최선의 국가정책은 사회계약의 내용을 담아내는 것이다. 국민이 사회계약의 주체로서 국가정책을 직접 결정할 수 있는 대안이야말로 최선이다. 국가정책최고심의위원회가 그 대안이다. 물론 국가정책최고심의위원회는 입법부가 아니다. 행정부를 관리하고 통제하는 행정부 내부의 최고 집행기관이다. 국가정책최고심의위원회는 집행권력의 내부절차를 거쳐 올라온 국가정책을 최종적으로 심의하여 결정한다. 국민이 국가권력을 지배함과 동시에 구체적인 국가정책에서 주권과 권력을 실질적으로 발휘하는 과정이다. 그런데 국가정책최고심의위원회가 국가권력과 유착하여 관료기구로 변질될 가능성도 있기 때문에 국민은 국민주권을 실현하기 위한 또 다른 장치로 국가정책최고심의위원회를 감시하고 통제할 수 있어야 한다.

국민의 파면권과 몰수권을 제헌헌법에서!

헌법은 한 국가의 기본법이자 최고법이다. 국민은 자신을 위해 헌법을 만든다. 우리나라 제헌헌법은 자유민주주의를 천명하고 있다. 자유민주주의 헌법은 전체주의 체제나 파시즘 체제와 대립하면서 인간에게 자유롭고 평등한 공생을 보장한다고 한다. 그런데 자유민주주의 체제는 자유롭게 살아가는 사람을 소수로 제한한다. 부유하고 편안하게 사는 것은 개인의 자유이다. 자유민주주의 체제는 이러한 자유에 저항하는 것을 쉽게 허용하지 않는다. 어렵고 힘들게 사는 것도 개인의 자유일 뿐이다. 국민은 단지 한 국가에 소속된 성원으로서 국가의사의 최고결정권을 국가권력이나 통치권에 위임하면 그만이었다. 헌법이 국민의 주권과 권리를 보장하고 있는 것인지? 아니면 국가권력이나 국가권력을 장악한 통치세력을 위한 것인지?

우리나라의 제헌헌법이 현재의 헌법보다 상당히 진보적이었다고 한다. 그 내용이 무엇이고 어떤 점에서 진보적인가를 아는 국민은 소수에 불과하다. 제헌헌법은 정말로 진보적이었는가?

우리나라는 1948년 7월 17일에 헌법이 선포되고 난 이후 8월 15일에 정부수립을 선포하였고, 12월 12일에 국제연합에서 우리나라 정부를 공식적으로 승인하였다. 1945월 8월 15일 이전에 우리나라를 지배했던 식민지 총독부 권력의 잔재가 존재하였더라도, 1945년 9월 이후에 지속되어 왔던 미군정 권력이 우리나라를 식민지화하려 했더라도 형식적으로는 국민이 직접 참여하여 헌법을 만들고 그 헌법에 기초하여 새로운 국가를 세웠다. 헌법의 제정은 기존의 사회를 지배했던 기본적 규범을 새롭게 만드는 과정이자 기존의 국가와는 다른 새로운 국가를 만들어 가는 과정이다. 대부분의 사람들이 인정하는 제헌헌법의 정당성이다.

그래서 국가를 새롭게 만드는 헌법인 만큼 국민의 주권이 실제로 반영되었는가의 문제는 매우 중요하다. 이를 위해서는 국민과 국가 사이에 이루어진 사회계약의 형식과 내용이 헌법으로 집약되어야 한다. 제헌의회는 우리나라 국민의 최초 선거로 구성되었고, 새로운 국가의 기본적 틀인 헌법을 만들었다. 우리들은 이 지점에서 상상력을 작동해야 한다. 국민이 근대적인 선거제도를 한번도 경험한 적이 없는 상태에서 헌법이나 국회의원이 무엇인지를 알고서 선거에 참여했을까? 선출된 제헌의회 국회의원은 대체 어떤 과거를 가지고 있는 사람들이었을까?

교과서포럼 대안교과서인 《한국 근·현대사》에 따르면, 제헌의회 국회의원들 중 60% 이상이 일제 식민지시대에 일본에서 유학했던 지식인이었다. 직업별로 분류하더라도 일제 식민지시대의 민족해방운동과 무관하게 살거나 혹은 친일활동을 했던 사람들로 보아야 한다. 제헌의회 국회의원 중에서 대한민국 임시정부에 참여했던 독립운동가 출신은 극소수에 불과했다. 역사적으로 불행한 결과이지만, 일제 식민지하에서 일본이나 미국으로 유학을 가서 공부하고 많은 돈으로 유권자들의 표를 살 수 있었던 사람들이 제헌의회 국회의원이 되었다. 이들이 바로 제헌의회 헌법기초위원들이었다. 이들은 돈으로 국민의 권리를 사서 국가를 책임지겠다는 일념 하나로 헌법을 만들었다. 돈으로 투표의 권리를 사고파는 금권정치가 시작되었다. 그것이 바로 우리나라의 제헌헌법이다. 우리나라 제헌헌법이 일제 식민지시대에 기득권을 누렸던 사람들의 이해가 반영될 수밖에 없었던 근거들이다. 또한 일제 식민지시대를 단절시키는 자유민주주의가 아니라 계승하고 발전시키는 자유민주주의가 고착화될 수밖에 없었던 근거들이다.

우리나라의 최초 헌법이 국회의장의 서명으로 공포되어 제정된 사실을 그 누구도 부정할 수 없다. 하지만 그 이전에 이미 우리나라의 헌법을 제정할 수 있는 남조선과도입법의원이 존재했었다. 허헌·박헌영·여운형·김원봉 등을 주축으로 1946년에 결성된 '민주주의 민족전선'은 광복 직후 좌파를 총괄하는 조직으로써 정당·사회단체·대중단체가 참여하는 민주주의 민족전선 전국대회에서 '조선민주공화국 임시약법 시안'을 만들었다. 핵심적인 내용은 국호를 '조선민주공화국'으로 하고 대통령과 부통령을 선출하여 정부 수반으로 삼는다는 것이었다. 이 외에도 국민의 기본적 권리와 의무를 반영하는 내용들이 있었다. 대표적인 예만 들어도 "18세 이상의 모든 인민에게 선거권·피선거권을 부여한다. 모든 국가기관은 인민의 기관이며 합의제를 대원칙으로 한다. 모든 국가시설은 인민에게 속하고 균등하게 활용된다."

그러나 조선민주공화국 임시약법 시안은 제헌의회의 구성과 동시에 폐기되었다. 제헌헌법을 주도한 세력들은 자유민주주의를 숭상하는 사람들이었다. 이승만·신익희가 주도한 대한독립촉성국민회(이승만계 55석)와 일제 식민지시대의 지주세력을 대표하는 한국민주당이었다. 임시정부 계열의 사람들도 이에 동조하였다. 이처럼 제헌헌법은 당시 국민주권을 실질적으로 실현하려 했던 좌파세력을 자유민주주의 선거제도로 약화시키는 수단이었다. 식민지 지배세력의 권력을 복구하는 과정이기도 하다.

'헌법기초위원회'는 1948년 6월 3일에 헌법기초위원과 헌법전문위원으로 구성되었다. 이들이 제헌헌법 원안을 만들었다. 당시 이승만 국회의장과 미군정 세력들은 어떤 형식과 내용으로 제헌헌법 원안을 만들게 했을까? 그 수단은 단원제국회, 대통령중심제, 위헌심사권의 헌법위원회 귀속 등이었다. 제헌헌법은 총 9개 장으로 구성되었다. 국민의 권리와 의무, 국회, 정부, 법원, 경제, 제정, 지방자치, 헌법 개정 등과 관련된 조항으로 국가를 유지하기 위한 최소한의 형식적 시스템을 구축하였다.

제헌헌법의 내용 그 자체만을 놓고 볼 때, 대한민국이 자유민주주의공화국인가 의심하게 하는 내용들이 있다. 제헌헌법은 사기업의 이익을 노동자들이 균등하게 분점할 권리도 보장하고 있고, 제85조와 제87조 및 제88조에서 국가기간산업의 국유화와 공유화로 국민의 기본적 생활권리를 보장해야 한다고 하였다. 특히 제88조에서는 국민생활상 간절한 필요에 의하여 사기업을 국유 또는 공유로 이전하거나 또는 그 경영을 통제하고 관리할 수 있게 하였다. 이처럼 제헌헌법은 국가기간산업의 국유화와 공유화를 폐기하고 있는 현행 헌법에 비해 상대적으로 진보적일 수 있다.

그런데 제헌헌법은 당시의 시대적 조건에서 국민이 요구했던 내용을 전혀 반영하지 않은 자유민주주의 세력의 보수적 헌법에 불과하다. 노동자들은 조선노동조합전국평의회를 중심으로 해방정국에서 일본인들이 남기고 간 다양한 사기업들을 접수하여 자주적으로 운영하고 있는 상태였는데, 제헌헌법은 그러한 모든 기업들을 국유 또는 공유라는 이름으로 국가가 몰수할 수 있는 근거를 제공하였다. 제18조에서 국가권력은 노동자들의 자주관리기업을 몰수하는 대신 이익의 분배에 균점할 권리만을 노동자들에게 부여하였다. 그러나 이렇게 몰수된 기업들이 나중에 적산불하정책으로 친일세력의 자산으로 돌아갔던 것은 역사적 사실이다.

또 하나 지적해야만 할 점은 제헌헌법 제18조에서 노동자라는 말을 근로자라는 말로 대체시켜 버렸다는 것이다. 자유민주주의공화국은 헌법을 매개로 노동자들을 국민으로 재구성하였다. 군주의 신민들이 국가의 신민으로 거듭났다. 자유민주주의 세력들은 일제 식민지시대나 해방정국에서 표출된 노동자들의 집단적인 힘을 약화시킬 필요가 있었다. 그 수단은 노동자들을 근면하고 성실하게 일만 하는 사람으로 만드는 것이었다. 일제 식민지해방정국에서 노동자·민중의 국가권력이 수립되지 못하고 식민지 지배체제의 기득권 세력이 국가권력을 수립하면서 아예 노동자라는 말을 헌법에서 폐기한 것으로 보아야 한다. 그 이후 노동자는 천하고 더러운 일을 하는 사람으로 천대받았다고 해도 과언이 아니다.

제헌헌법에서 그나마 진보적인 조항이라고 평가할 수 있는 것은 제27조의 불법공무원 파면청원권이다. "공무원은 주권을 가진 국민의 수임자이며 언제든지 국민에 대하여 책임을 진다. 국민은 불법행위를 한 공무원의 파면을 청원할 권리가 있다"는 내용이다. 물론 이 조항조차 국민에게 공무원 파면권을 보장한 것이 아니라 파면을 요청하는 청원권에 불과하다. 국민이 아무리 청원한다 하더라도 국가가 국민의 청원을 받아들이지 않으면 그만인 조항이다. 그런데 우리나라 헌법은 1987년 10월 29일까지 9번 개정되는 과정에서 그나마 제27조에서 보장했던 국민의 불법공무원 파면청원권리조차 박탈하였다.

결코 진보적이지 않은 제헌헌법에서 그나마 위안을 찾을 수 있다면 '공무원에 대한 국민파면권'과 '국가기간산업 국민몰수권'을 상상하는 것이다. 국민이 사회계약의 당사자인 국가를 관리하고 통제할 수 있는 최소한의 권리이다. 국민은 국회의원이나 대통령을 파면할 수 있는 국민파면권과 국가기간산업에 대한 국민몰수권으로 자신의 생활권리와 행복권리들을 누려야 한다. 국민은 국가가 사회계약의 집행주체에 불과하다는 헌법의 기초원리를 복원해야 한다.

제헌헌법에서 보장하고 있는 불법공무원 파면청원권을 공무원에 대한 국민파면권으로 대체하면 된다. 국민은 대의제도만을 고집하는 자유민주주의 국가에서 자유와 민주를 박탈당하고 있다. 국가는 국민의 의지와 무관하게 국가시험제도를 통해 공무원을 선발한다. 국가는 이러한 공무원들을 당근과 채찍으로 담금질하여 국민을 지배하는 관료로 키운다. 공무원들은 이 과정에서 그들만의 공동체를 형성하고 유지하려 한다. 국가가 공무원을 디딤돌로 하여 국민을 지배하는 장치인 것이다.

국민은 이러한 지배장치를 자신의 것으로 전화시켜야 한다. 국가가 국민을 지배하는 장치가 아니다. 국민이 국가를 통제하고 지배하는 장치다. 그 전복의 수단은 바로 모든 공무원에 대한 국민파면권이다. 국민이 국가권력 내부에 존재하는 모든 사람들을 대상으로 파면할 수 있는 권리이다. 예를 들면, 대통령이든 국회의원이든 혹은 대통령이 임명한 장관을 비롯하여 모든 공무원을 파면할 수 있는 권리를 국민이 가지는 것이다. 물론 이 권리는 사회계약으로 보장되어야만 하는 국민의 기본적 권리를 보장하지 못하는 모든 공무원에게 행사되어야 한다.

제헌헌법에서 또 다시 추출할 수 있는 권리는 국가기간산업에 대한 국민몰수권이다. 우리나라 정부는 신자유주의 시대에 걸맞게 국민의 기초생활과 밀접한 전기, 수도, 가스 및 공공성을 가지고 있는 공공기업들을 민영화하고 있다. 1990년대의 공공부문 민영화 정책은 세계적인 현상이었다. 양질의 공공서비스를 값싸게 제공받으면서 살고 있었던 국민은 자신의 의지와 무관하게 자신의 공공기업을 팔려는 국가와 싸우지 않을 수 없다. 국민은 민영화 정책의 결과를 잘 예견하고 있었다. 공공서비스의 가격이 급등하고 서비스의 질이 급격하게 하락할 것이라는 사실을 잘 알고 있는 것이다.

국가가 우리나라의 현행 헌법 제10조에서 보장하고 있는 국민의 권리를 무시하는 경우이다. 헌법 제10조는 모든 국민에게 인간으로서의 존엄과 가치를 보장해야 하며 또한 기본적 인권과 행복을 추구하게 해야 한다고 규정하고 있다. 국가는 국민의 이러한 권리를 보장할 의무까지 가지고 있다. 그런데 국가는 민영화 정책이 국민에게 생활의 고통을 가중시키고 있다는 것을 뻔히 알면서도 그 정책을 강행하고 있다. 국회도 역시 국가의 민영화 정책에 적극적으로 동참하고 있다. 국가와 국회가 동시에 헌법을 위반하고 있다. 그러나 우리나라는 헌법상의 규정이 일반 법령이나 국무회의에서 결정하는 시행령보다 못한 '종이호랑이'에 불과하다. 국가의 의지대로 헌법을 좌지우지하는 경우가 허다하다. 국민은 그저 국가정책의 희생양으로 남는 경우가 많다. 국민이 국가기간산업을 몰수하여 행복의 권리를 복원할 필요가 있다. 국가기간산업에 대한 국민몰수권은 이제 기간산업을 국가에게 맡기는 것이 아니라 국민이 몰수하여 직접 운영하고 관리한다는 권리이다.

국민을 위해 봉사하는 헌법!

헌법은 권리를 둘러싼 투쟁의 역사를 단절함과 동시에 시작을 알렸다. 헌법이 있어야만 근대적인 국가로 인정받았다. 헌법이 있어야 국가가 존재하고 국가가 유지되기 위해 헌법이 있어야 한다는 것을 모든 국민은 잘 알고 있다. 헌법에서 모든 권력이 국민으로부터 나온다는 사실도 마찬가지이다. 그러나 국민은 실질적으로 헌법에서 보장하는 국가권력을 자신의 것으로 만들지 못한다. 권력을 구성하고 있는 헌법을 지배하고 싶은데도 헌법은 너무나 높은 자리에 위압적으로 버티고 서 있다. 국민은 헌법으로부터 권력이 나오지 자신으로부터 권력이 나온다고 믿지 않는다.

해방 이후 현재까지 우리나라 법 체계의 가장 두드러진 특징은 국가가 철저하게 시민사회와 국민을 위에서 관리해 왔다는 점이다. 미군정 시기나 제1공화국에서 귀속재산의 처분, 원조물자의 배분, 토지개량사업 등에서 국가는 말 그대로 절대적이었다. 국가는 기득권 지배세력의 자유민주주의를 위해 전력을 다하였다. 친일세력들에게 면죄부를 부여하는 것이 이승만 전 대통령의 자유민주주의였다. 이승만 전 대통령은 국가가 국민을 위해 봉사한다는 근대 서구국가의 자유주의와 민주주의를 제도화할 생각을 애초부터 가지고 있지 않았던 것이다. 국민의 자유민주주의적 가치는 헌법에 박제화되어 있는 유물에 불과했다. 정당과 입법부도 오로지 이승만 대통령을 위해 헌법조차 위반하였다. 대표적인 사례는 1954년 11월에 발생한 4사5입 개헌사건이다. 자유당은 이승만 대통령을 위해 헌법개정안을 국회에 제출하였다. 핵심 내용은 대통령의 3선금지조항을 폐지하는 것이었다. 1954년 11월 국회 재적의원 203명 가운에 202명이 참석하여 135명이 헌법개정안에 찬성하였다. 국회는 헌법개정안의 부결을 선포하였다. 당시 개헌이 가능한 의결정족수는 재적의원의 3분의 2에 해당하는 136명이었기 때문이다. 그런데 자유당은 그 다음날 재적의원 203명의 3분의 2는 135.33명이고 0.33명은 자연인으로 존재할 수 없다는 4사5입론을 적용하였다. 재적의원 203명의 3분의 2는 135명이라고 주장하였다. 자유당은 4사5입론을 근거로 헌법개정안의 국회부결을 인정하지 않고 자유당 국회의원만이 참여한 투표에서 다시 헌법개정안을 통과시켰다.

제5공화국 헌법이나 현행 헌법은 국민이 아닌 국가의 주도 하에 사회통합이 추구된다는 점에서 큰 차이가 없다. 1987년의 헌법이나 1972년의 유신헌법은 대통령에게 무소불위적인 권력을 부여한다는 점에서 같다. 하지만 우리나라에서는 1987년에 헌법을 개정하고 난 이후 현재까지 20년이 넘도록 헌법을 개정하지 않았다. 두 가지의 측면에서 그 이유를 상상해 본다. 하나는 1987년 당시의 민주주의적 이념과 가치가 아직도 국민의 생활세계에서 실현되고 있다는 점이다. 1987년 당시의 민주주의적 이념과 가치가 아직도 사회적인 규범으로서의 지위를 누리고 있기 때문일 것이다. 국민이나 정치세력 모두 헌법 개정의 필요성을 느끼지 못하고 있다. 우리나라 헌법이 국민의 민주주의적 형식과 내용을 충족시키고 있다는 의미이다. 다음으로는 국민이나 정치세력이 헌법의 형식과 내용에 대해 무관심하다는 점이다. 국민은 일상생활에 영향을 미치는 일반 법률에 대해서만 많은 관심을 갖는다. 일상생활에 실질적으로 영향을 미치지 않는 한, 헌법은 그저 국가의 법이지 국민의 법이 아니라고 간주할 수 있다. 이러한 의식이 보편화되면 될수록 정치세력이나 기득권 지배세력도 헌법 개정의 필요성을 느끼지 않는다. 물론 지배세력은 자신의 기득권을 위해 언제든지 현법을 개정할 준비가 되어 있다. 특히 국민이 헌법을 자신의 것으로 만들려 할 때 더욱 그러하다. 그래서 지배세력은 헌법이 정치적으로 이슈화되는 것조차 방지하려 한다. 헌법은 그저 국가의 법으로만 남아 있으면 된다.

우리나라의 현행 헌법은 총 10개 장으로 이루어졌다. 제1장은 총강이고, 제2장이 인권이며, 제3장부터는 국회 등 국가기관을 규정하고 있다. 헌법은 과연 국민의 안전과 권리를 위한 국가의 의무를 규정하고 있는가? 혹은 국민을 통치하기 위한 국가의 권한만을 규정하고 있는가? 물론 헌법은 이 두 가지의 측면을 모두 담고 있지만, 실질적으로 국민을 통치하기 위한 국가권력의 권한을 중심으로 구성되어 있다. 조문 수도 130개 조항 가운데 국가기관 부분이 90개 이상이다.

헌법에 명시적으로 규정하고 있는 국민의 의무는 단지 납세의무(38조)와 국방의무(39조)이다. 반면에 자유와 권리에 해당하는 내용은 상당하다. 헌법은 국민에게 행복추구권(10조), 노동3권(33조), 인간다운 생활권(35조), 건강권(36조), 양심(19조), 종교(20조), 집회·결사(21조) 등의 권리와 자유를 명시적으로 보장하고 있다. 그러나 우리나라 헌법은 제40조부터 제118조까지 국가기관인 국회, 정부, 헌법재판소, 선거관리, 지방자치 등으로 구성되어 있다.

헌법에서 명시적으로 규정하고 있는 국민의 권리와 자유를 의무와 비교한다면, 우리나라 헌법은 국민에게 의무보다 권리와 자유를 더 보장하고 있는 것처럼 보인다. 하지만 중요한 권리들은 헌법이 아닌 하위 법률로 제한당한다. 국민은 생활에서 그것을 확인한다. 국민 스스로 일상생활에서 권리보다 의무가 많다고 느낀다. 헌법은 국민을 지배하는 지배세력의 통치수단에 머무른다. 더욱이 헌법 제37조 ②항은 국가가 언제든지 국민의 권리들을 법률로 제한할 수 있다는 것을 명시하고 있다. "국민의 모든 자유와 권리는 국가안전보장·질서유지 또는 공공복리를 위하여 필요한 경우에 한하여 법률로써 제한할 수 있으며, 제한하는 경우에도 자유와 권리의 본질적인 내용을 침해할 수 없다." 자유와 권리의 본질적인 내용을 침해할 수 없다고 하지만, 우리나라에서 국민의 자유와 권리는 국가안전보장·질서유지 또는 공공복리보다 우선시되지 않는다.

국가권력과 그 권력으로 혜택을 보고 있는 사람들을 위해서라면 국민의 기본권은 언제든지 인정하지 않아도 된다는 것을 헌법이 보장하고 있는 것이다. 반면 국가기관을 구성하는 입법부와 행정부의 대표들은 법률적 제한을 거의 받지 않는다. 헌법에서 국회의원은 청렴의 의무(제46조) 이외에는 권한만을 가지고 있으며, 대통령에 대해서도 오로지 권한만 구성했을 뿐이지 국민에 대한 의무는 명시되어 있지 않다. 심지어 대통령의 내란 또는 외환의 죄가 아닌 범죄행위에 대해서는 처벌할 수 없게 만들었다. 헌법 제84조는 "대통령은 내란 또는 외환의 죄를 범한 경우를 제외하고는 재직 중 형사상의 소추를 받지 아니한다"이다. 우리나라 헌법은 아직까지 대통령에게 유신헌법의 긴급조치권과 동일한 긴급명령권과 계엄선포권을 부여하고 있다.

대통령의 긴급명령권은 다음과 같은 내용을 핵심으로 한다. "대통령은 내우·외환·천재·지변 또는 중대한 재정·경제상의 위기에 있어서 국가의 안전보장 또는 공공의 안녕질서를 유지하기 위하여 긴급한 조치가 필요하고 국회의 집회를 기다릴 여유가 없을 때에 한하여 최소한으로 필요한 재정·경제상의 처분을 하거나 이에 관하여 법률의 효력을 가지는 명령을 발할 수 있다." 그리고 대통령의 계엄선포권은 긴급명령권보다 더 강력한 국가의 힘을 과시하고 있다. "대통령은 전시·사변 또는 이에 준하는 국가비상사태에 있어서 병력으로써 군사상의 필요에 응하거나 공공의 안녕질서를 유지할 필요가 있을 때에는 법률이 정하는 바에 의하여 계엄을 선포할 수 있다." 대통령이 국민의 권리를 언제든지 정지시킬 수 있는 권한들이다.

긴급명령권과 계엄선포권은 공히 국가의 안전보장과 공공의 안녕질서에 위협을 가할 경우에 사용될 수 있다. 하지만 대통령은 국가를 지배하려는 국민에게도 언제든지 이러한 권한을 자의적으로 사용하기도 한다. 박정희 전 대통령이 수시로 사용했고 전두환 전 대통령도 그러한 힘으로 광주의 시민들을 학살하기도 했다. 국민이 사회계약을 위반하거나 자신의 권리를 보장하지 않는 국가를 바꾸려 할 경우, 대통령은 언제든지 국가의 안전보장과 공공의 안녕질서를 강조하면서 두 가지의 권한을 행사할 수 있는 것이다. 만약 대통령이 비상계엄을 선포하면 법률이 정하는 바에 의하여 영장제도, 언론·출판·집회·결사의 자유, 정부나 법원의 권한에 관하여 특별한 조치가 취해진다. 우리나라 헌법은 대통령에게 국가를 위해 국민과 맺은 사회계약을 언제든지 자의적으로 파기할 권한을 부여하고 있다.

헌법에서 대통령의 이러한 권한은 국회에 통고하거나 승인을 받아야만 한다고 규정하고 있다. 하지만 대통령이 국회에서 다수 의석을 차지하고 있는 정당에 소속되어 있을 경우에는 언제든지 이러한 권한을 행사할 수 있다. 국회도 대통령의 말 한마디에 꼼짝하지 못하는 꼭두각시와도 같고, 우리나라 대통령은 전제군주와도 같은 권한을 행사하고 있기 때문이다. 소수 정당이라 하더라도 국회의 기능을 무시하고 그 권한을 사용하기도 한다. 역사적으로 거의 모든 쿠데타는 국가의 안전보장과 공공의 안녕질서를 내세웠다. 노태우 전 대통령과 전두환 전 대통령이 대통령 직에서 물러난 이후에 1979년 12·12쿠데타를 일으킨 범죄행위로 감옥에 간 일이 있었지만, 나머지 범죄행위들에 대해 전직 대통령들이 형사상의 처벌을 받은 경우는 없었다. 헌법은 오히려 전직 대통령의 신분과 예우에 관한 법률로 죽을 때까지 그들을 보호하고 있다.

이처럼 헌법은 국민의 기본권을 보장하는 최후 보루가 아니라 국민을 통치하는 최후 보루로 만들어 버렸다. 우리나라 헌법은 국가기관이 어떻게 국민을 통치할 것인가에 초점을 맞추고 있는 것이다. 헌법은 국가기관이 국민의 기본권조차 정지시킬 수 있게 하였다. 이것은 우리나라 헌법이 국민을 통치하고 지배하기 위한 통치패러다임으로 구성되어 있다는 것을 증명하는 부분이다. 아프리카의 사례이지만, 2003년 5월 26일 통과된 르완다 헌법은 국민주권의 실현에 필요한 국가기구들을 규정하고 있다. 르완다에서는 국가인권위원회, 공공서비스위원회, 국가여성협의회, 그리고 국가청소년·소녀협의회 등이 헌법에서 규정하는 국가기구로 존재한다. 이러한 기구들이 르완다 국민의 기본권을 실현하는 데 기여하고 있다는 점에 비추어 보면, 르완다 헌법도 역시 국민에 대한 국가의 통치패러다임을 기본으로 하면서도 동시에 국가가 국민주권의 실현을 위해 봉사해야 한다는 봉사패러다임도 반영하고 있다.

헌법이 국민을 통치하고 지배하는 수단이 아니라 국민의 기본권을 실현하는 수단인 만큼, 국민은 국가기관을 무력화시킬 주권을 행사해야 한다. 국민의 기본권으로 국가권력을 통제할 수 있는 헌법이 없을까를 상상해 보자. 두 가지 상상적 대안이 있다. 하나는 국민이 헌법에서 규정하고 있는 국가기관의 각종 권한과 업무를 상시적으로 정지시킬 수 있는 '국가기관업무중지권'이고, 다른 하나는 국민이 헌법을 심의하고 재판할 수 있는 '국민헌법재판권을 보유'하는 것이다.

국가기관업무중지권은 국가기관의 모든 업무와 권한을 국민이 일시적으로 정지시킬 수 있는 권리를 의미한다. 이 권리는 국가기관이 국민의 기본적인 권리를 위해 집행권력의 의무를 이행하지 않거나 국민에게 봉사하지 않을 경우에 사용한다. 이를 위해서는 기본적으로 국민이 국가기관업무중지권을 헌법상의 권리로 획득해야 한다. 예를 들면, 많은 국민이 이 권리를 사용하는 데 찬성하면 모든 국가기관이나 특정 국가기관의 업무와 권한은 정지되고 국민은 국가기관을 새롭게 구성하면 된다. 국민이 국가기관에서 일하고 있는 공무원 개개인에 대한 통제권을 가지는 것이 아니라 국가기관 자체에 대한 통제권을 보유하는 것이다.

한 예이지만, 2004년 3월 12일 야당 국회의원 193명의 찬성으로 가결되어 같은 해 5월 14일 헌법재판소에서 기각된 대통령 탄핵사태는 국회가 대통령의 권한과 업무를 정지시킨 대표적인 경우이다. 노무현 전 대통령이 국회의 탄핵의결로 헌법재판소에서 그 의결의 위헌 여부를 결정하는 동안에 권한과 업무를 정지당했다. 그런데 개인에 대한 국회의 탄핵권과 그 권한사용의 정당성을 판단하는 헌법재판소의 위헌심판권을 국민이 되돌려 받는 것도 중요하지만, 더욱 중요한 것은 국가기관 자체의 권한과 업무를 정지시킬 수 있는 권리를 국민이 가져야 한다는 것이다. 국가기관에 소속된 한 사람의 공무원이나 선출직 국회의원이라도 국민을 위해 봉사하지 않을 경우 국민은 일정한 요건과 절차를 거친 국가기관업무중지권을 발휘해서 공무원이 소속된 국가기관과 국회의 권한과 업무를 정지시킬 수 있어야 한다.

헌법재판소는 민주주의를 유지하는 하나의 수단으로 인식된다. 국민의 권리를 보호하는 최후 보루로서의 역할을 하는 국가기관인 것이다. 각종의 국가정책 및 사건이 헌법을 위반했는가의 여부를 헌법재판소가 판단한다. 그런데 헌법재판소는 헌정주의라는 이름으로 헌법이 국민의 기본권과 주권을 제한하는 것에 대해 묵인하거나 동조해 왔다. 헌법재판소의 재판관들은 대통령이 임명하는 사법관료에 불과하기 때문이다. 사법의 독립성을 수시로 제기하지만 실질적으로는 임명권자인 대통령의 의사에 반하는 심판을 하기가 쉽지 않다.

헌정주의는 헌법을 중심으로 국민을 통치해야 한다는 이념이다. 이 이념은 종종 민주주의와 대립관계를 형성하기도 한다. 헌법이 오히려 국민의 민주주의적 권리를 제약하거나 통제할 경우에 나타난다. 헌법이 국민을 위해 봉사하는 것이 아니다. 민주주의의 형식과 내용은 아주 빠르게 변하고 있지만, 헌법은 그러한 변화에 무감각하거나 매우 수동적으로 대응한다. 기득권 지배세력이 그들만의 정치리그를 유지하기 위해 헌법을 활용한다. 국민은 헌법을 자신의 것으로 만들어야 한다. 주요한 수단은 직접 헌법재판소를 통제하고 관리하거나 혹은 필요할 경우에 국민이 직접 위헌소송사건을 심판하는 것이다. 이것이 바로 국민헌법재판권이다. 국민헌법재판권은 국민이 가져야만 할 사회계약의 권리를 헌법이 보장하고 있는가의 여부를 국민이 직접 심판할 수 있는 권리이자 헌법재판소가 부당하게 심판하였다고 판단되는 위헌소송을 국민이 직접 심판하는 권리이다.

우리나라의 헌법재판소는 2004년에 정지되었던 노무현 전 대통령의 권한과 업무를 복귀시켜 주었다. 노무현 전 대통령 탄핵사태 이후 '정치의 사법화 혹은 정치의 헌법화'가 강화됨과 동시에 헌법재판소의 독자적인 권력도 강화되었다. 정치세력들은 대통령 탄핵사태 이후에 수도이전법안, 종합부동산세와 관련된 법안들에 대해 헌법을 위반한 법률이라 소송을 걸었고, 수많은 정책이 위헌소송을 하여 헌법재판소를 국가권력의 심장부로 만들었다.

헌법재판소가 국민의 기본적 권리를 침해하고 헌법을 위반한 대표적 사례는 일반사병 이라크파병 위헌확인 소송이었다. 헌법 제72조에서 대통령은 필요하다고 인정할 때에는 외교·국방·통일 기타 국가안위에 관한 중요정책을 국민투표에 붙일 수 있다고 규정되어 있다. 이 규정대로라면 일반사병 이라크파병 문제는 국민투표의 대상이었다. 외교·국방·통일 기타 국가안위에 관한 중요한 정책이었기 때문이다. 그런데 헌법재판관들은 헌법 제72조를 무시하고 일반사병 이라크파병 위헌확인 소송을 각하했다.

헌법재판관들은 국민투표의 대상인 사건을 정치적으로 고려하면서 국민의 국민투표권을 묵살하였다. 법률이나 정책이 헌법에 위반되는가를 판단하는 헌법재판관들이 오히려 헌법을 위반하여 위헌범죄행위로 재판을 받아야만 할 상황이다. 이는 헌법재판소를 폐지하고 헌법재판권을 국민이 되돌려 받아야만 할 대표적인 경우이다. 이러한 경우는 역사 속에 즐비하게 존재한다. 헌법재판소는 역사적으로 국민주권을 보호하는 최후 보루가 아니라 국민주권을 침탈하는 국가권력에게 옷을 입혀주는 재단사에 불과하다.

헌법이나 법률이 변화되는 사회에 국민보다 적응하지 못하고 있다는 현실을 강조할 필요가 있다. 이제는 다양한 구성원들의 대표가 재판관이 되어 사회구성원들의 억울한 점을 구제하고 다양화된 사회의 정의를 실현할 필요가 있다. 그 권리가 바로 '국민헌법재판권'인 것이다. 국민이 헌법재판소를 대신하여 헌법을 심의하고 각종 법률의 위헌 여부를 상시적으로 재판하는 것이다. 국민헌법재판권은 상상 속의 대안이 아니다. 많은 사람들은 야만의 대륙 혹은 미개의 대륙으로 간주하지만, 아프리카 르완다는 국민공동체 재판제도를 실시하고 있다. 아프리카 르완다의 전통적인 가차차Gacaca 재판제도이다. 르완다 헌법 제143조는 가차차 재판소 설립 및 운영을 보장하고 있다. 가차차 재판소의 재판관들은 약 1만여 명인데, 국민은 이들을 직접선거로 선출하였다. 가차차 재판소의 재판관들은 현재도 르완다의 과거사청산과 관련된 재판을 직접 진행하고 있다.

이처럼 국민은 국민의 민주적 권리와 의사에 반하는 지위를 누리려 하는 국가기관에 대해 실질적으로 관리하고 통제해야 한다. 국민 스스로 사회계약의 제반권리를 스스로 지배하고 통치하는 것이다. 헌법재판소나 청와대를 포함하여 각종 국가기관이 그저 집행기관이라는 지위만을 가져야 한다. 국민이 국가기관업무중지권과 국민헌법재판권을 보유하는 것은 헌법의 성격을 바꾸는 과정이다. 국민은 국민주권을 실현하는 수단으로서의 헌법, 국민의 기본권을 위해 봉사하는 수단으로서의 헌법, 그리고 국가권력 및 통치권력을 통제하는 수단으로서의 헌법을 통해 자신의 주권을 실현해야 하기 때문이다.

남북한과 통일 공화국

북한도 헌법상 민주주의 국가?

북한이 국가라는 사실을 모르는 사람은 없다. 북한은 우리나라와 함께 1991년 유엔에 함께 가입한 주권국가이다. 그런데 우리나라에는 그 사실을 애써 부정하려는 사람도 많다. 북한도 우리나라와 똑같이 주권국가이다. 북한도 헌법을 가지고 있는 근대적 국가라는 것이다. 반공주의의 핵우산을 걷어 버리는 것 자체가 두려움으로 다가오는 우리나라 국민에겐 의문의 꼬리를 물게 하는 부분이다.

"조선민주주의인민공화국은 전체 조선인민의 리익을 대표하는 자주적인 사회주의국가이다." 북한 사회주의 헌법 제1조의 규정이다. 반면에 우리나라 헌법 제3조는 "대한민국의 영토는 한반도와 그 부속도서로 한다"로 규정하고 있다. 우리나라 헌법의 규정대로 생각하면, 북한의 영토가 분명히 한반도인 만큼 북한은 국가가 아니라 우리나라의 자유민주주의 기본질서를 위협하면서 우리나라의 영토를 점령하고 있는 반국가단체에 불과하다. 그래서 우리나라 사람들은 북한을 국가라고 생각해 본 적이 거의 없다. 그렇게 배웠고 배운 것을 무시하는 순간 국가보안법에 저촉되어 감옥에 가야만 했다. 북한은 자유민주주의적 기본질서 체제를 위협하는 반국가단체에 불과하기 때문이었다. 이 순간 두 가지의 의혹이 상상력을 자극한다. 하나는 우리나라는 왜 북한을 국가로 인정하지 않고 반국가단체로 여겨왔으며 현재도 국가로 인정하지 않고 있는 것인가? 다른 하나는 북한에는 정말로 자유가 없고 김일성과 김정일 부자가 북한 국민을 억압하고 있는 독재국가인가? 북한이 헌법상으로는 자유민주주의 국가인 우리나라와 큰 차이가 없는 국가라고 상상해 보는 것은 어떨까?

    북한은 1948년 조선민주주의인민공화국헌법을 제정하였다. 국가의 주권은 노동자와 농민을 중심으로 하는 인민에 있는 것으로 규정하였고,(제2조) 생산수단은 국가 및 협동단체뿐만 아니라 개인에게도 귀속시켰다.(제5조) 그런데 북한은 우리나라처럼 제헌의회를 구성하고 난 이후에 국회의원을 중심으로 헌법을 제정한 것이 아니라 임시헌법초안을 전체 인민들의 대중적인 토론을 바탕으로 제정하였다. 1947년 11월 북조선인민회의는 조선임시헌법제정위원회를 구성하고, 1947년 12월 15일에 임시헌법초안을 만들었다. 북한은 1948년 7월 9일 정부수립을 결정하기 이전까지 임시헌법초안에 대한 대중적 토론을 전개하였다. 1948년 3월 25일에는 임시헌법초안에 대한 남북 간의 대중적 토론을 위해 남북조선정당사회단체대표자회의를 남한 측에 제안하여 1948년 4월에 남북연석회의를 개최하였다. 이 회의의 연장선상에서 개최된 1948년 6월 29일의 남북조선제정당사회단체지도자협의회는 "전 조선입법기관인 조선최고인민회의를 창설하고 남북조선대표들로서 전 조선 중앙정부를 수립"하기로 결정하였다. 정치엘리트들이 헌법의 제정을 독점했던 우리나라와는 달리, 북한의 헌법은 정치엘리트들에 의해 만들어진 헌법 초안을 대중적으로 토론하고 난 이후에 그 형식과 내용을 수정하면서 제정되었다.

    1948년 당시 우리나라 국민은 국회의원이 무엇을 하는 사람들이고 의회의 기능이 무엇인지조차 잘 알지 못한 상태에서 제헌의회 선거를 하였다. 그리고 그 선거에서 선출된 사람들만이 논의하여 우리나라 헌법을 만들고 정부수립을 선포하였다. 우리나라가 대의제도를 근거로 엘리트 중심의 과두제 정치를 헌법상에서 자유민주주의로 포장하였다면, 북한은 인민들의 자유로운 참여정치를 헌법상에서 인민민주주의로 규정하였다. 헌법의 제정과정만을 본다면 북한이 우리나라보다 더 국민주권을 실현하려 하였다. 이러한 과정을 거치고 나서야 북측을 대표하는 212명의 대의원과 남측을 대표하는 360명의 대의원을 선출하여 최고인민회의를 구성하여 헌법을 공식적으로 채택하였다. 1948년에 제정된 북한 헌법은 남측 정부를 인정하지 않고 있다. 한반도를 대표하는 정부는 북한이라는 것을 명시하고 있다. 북한의 입장에서 보았을 때, 우리나라도 역시 반국가단체에 불과한 것이다.

    남북한의 헌법만을 비교한다면, 한반도를 대표하는 국가의 정통성을 남북한 공히 주장하고 있다. 그런데 이러한 문제는 남북한 유엔동시가입으로 해결되었다. 북한이 국제사회에서 인정하는 주권국가로서 우리나라와 함께 유엔에 가입하였다. 1991년 당시 유엔에 가입된 170여 국가들은 이런 일당지배체제의 독재국가를 유엔의 일원으로 인정하였다. 우리나라가 북한을 국가로 인정하든 인정하지 않든 유엔은 지구상에 존재하는 250

여 국가 중에 하나로 인정하였다. 북한도 역시 우리나라를 국가로 인정하지 않을 수 없게 되었다.

북한은 1972년 12월 27일에 제헌헌법을 '조선민주주의인민공화국 사회주의헌법'으로 개정하였다. 1972년 헌법은 사회주의적 내용과 김일성의 유일지도체계를 반영하고 있으며, 또한 자주적인 사회주의 국가로서 프롤레타리아 독재를 실시해야 한다고 명문화하였다. 그래서 북한은 프롤레타리아 독재를 위해 주권의 주체도 노동자, 농민, 병사, 근로인텔리로 제한하였고 또한 생산수단의 소유주체도 국가와 협동단체로 제한시켰다. 권력을 1인이 소유하고 그 권력의 절대성을 부여한 국가주석제도도 1972년 헌법에서 도입되었다. 김일성은 북한의 유일한 수령으로 존재하면서 북한식 사회주의 체제를 강화시켰다.

그러나 북한은 1992년과 1998년에 헌법을 대대적으로 개정하였다. 그 배경은 소련 및 동구권 사회주의 국가들이 패망한 국제적 상황과 국내의 경제위기에 보다 적극적으로 대처하려는 의도가 매우 컸다. 1992년에 개정된 헌법의 주요한 특성 중에 하나는 주체사상을 헌법의 기저로 삼았다는 점이다. 국가는 "사람 중심의 세계관이며 인민대중의 자주성을 실현하기 위한 혁명사상인 주체사상을 자기활동의 지도적 지침으로 삼는다."(3조) 또한 1998년 9월에는 북한 헌법이 대폭 개정되었다. 이것은 김일성이 죽고 난 이후의 체제를 정비하는 과정이었다. 김정일 체제의 실질적인 출범이라는 의미도 내포하고 있는 것이다. 그래서 1998년의 헌법은 서문을 만들어 김일성을 사회주의 조선의 시조로 규정해 버렸다.

1998년 북한 헌법의 서문만을 본다면, 북한이 인민민주주의공화국인지 김일성공화국인지 이해하기가 쉽지 않다. "조선민주주의인민공화국은 위대한 수령 김일성 동지의 사상과 령도를 구현한 주체의 사회주의 조국이다. 위대한 수령 김일성 동지는 조선민주주의인민공화국의 창건자이시며 사회주의 조선의 시조이시다. … 김일성 동지께서는 '이민위천'을 좌우명으로 삼으시여 … 위대한 수령 김일성 동지는 민족의 태양이시며 조국통일의 구성이시다. … 조선민주주의인민공화국 사회주의헌법은 위대한 수령 김일성 동지의 주체적인 국가건설사상과 국가건설업적을 법화한 김일성헌법이다." 헌법의 총강에 해당하는 서문에 김일성이라는 이름이 13개의 문단 중에 16번이나 나와 있기 때문이다. 북한을 인민들의 공화국이 아니라 김일성의 영도국가인 것으로 인식하기에 충분한 근거이다.

김일성이 좌우명으로 삼았던 이민위천以民爲天이 북한의 1998년 헌법에 서문으로 명시되었다. 이것은 백성을 하늘로 여기면서 치국治國의 근본으로 삼는다는 사상이다. 주체사상과 동학에서 사람을 섬기되 하늘같이 하라는 사인여천事人如天이나 사람이 곧 하늘이라는 인내천人乃天이 서로 교차하면서, 김일성이 최제우, 최시형, 손병희에 이어 제4대 동학교주로 강림한 듯한 느낌이었다. 많은 사람들은 인간을 중심으로 하는 사회가 바람직하다고 보면서도, 북한이 정말 인간의 존엄성을 실질적으로 보장하고 그 힘을 바탕으로 태평천국을 만드는 지름길을 만들어 가고 있는 것인가에 대해 의문을 품고 있다. 북한의 영도주의는 수령관으로 대표되기 때문이다. 북한의 수령은 인민대중의 최고뇌수이며 자주성을 위한 혁명투쟁의 최고영도자이고 또한 지도자와 대중의 관계를 유기체적으로 이끄는 최고지도자이다. 북한에서 김일성은 최고영도자로 칭송되었고 김일성의 아들인 김정일은 최고지도자로 칭송되고 있다. 다음에 등장할 북한식 사회주의 체제의 입헌군주가 다음에는 어떻게 칭송될지 궁금할 뿐이다.

우리가 알고 있는 북한은 1991년에 유엔에 가입하였지만 주체사상으로 무장한 공산주의 국가이다. 많은 사람들은 주체사상이 북한의 통치 이데올로기인지 철학인지는 잘 알지 못한다. 단지 사람이 모든 것의 주인이며 세계의 주인으로서 모든 것을 결정할 수 있다는 인간 중심의 이데올로기이자 철학인 주체사상에 대해 단지 북한 조선로동당의 유일지도사상이라는 것으로 인식하거나 동의할 뿐이다. 이데올로기인가 철학인가에 대해 논쟁도 있지만 그것을 굳이 구분하고 싶지 않다. 북한이 1970년 제5차 노동당대회에서 주체 확립의 의미를 자주적 입장의 견지와 창조적 활동으로 결정하였다 할지라도 주체사상은 북한 사회주의 혁명과 건설과정에서 대두된 자기혁명의 이데올로기이자 철학이기 때문이다. 이데올로기로서의 주체사상은 인민을 정치적으로 동원하는 수단이 될 것이고, 철학으로서의 주체사상은 사물을 인식하고 판단하는 인민들의 뇌수로 작용할 것이다.

그런데 북한은 아직까지 김일성과 김정일을 중심으로 미국을 중심으로 한 국제적 제재조치들을 극복하면서 존재하고 있다. 그 동력을 두 가지로 상상해 볼 수 있다. 하나는 북한의 지배세력이 인민들의 권리를 억압하거나 인민들의 저항을 철저하게 통제하고 있다는 점이고, 다른 하나는 인민들 스스로 북한의 지배세력과 일체감을 형성한 상태에서 자신의 권리를 누리고 있다는 점이다.

북한은 북한식 사회주의 체제를 유지하기 위해 노력하고 있다. 그 과정에서 북한의 인민들은 철저하게 통제된 사회에서 살아가고 있음을 미루어 짐작할 수 있다. 북한을 탈출하여 남한으로 망명한 대부분의 사람들은 김일성과 김정일의 유일지도체계와 배고픔의 문제점, 그리고 도시와 농촌 간의 격차문제 등을 지적하곤 한다. 하지만 탈북한 사람들이 북한의 일상생활에서 철저하게 통제받는다고 말하진 않는다. 탈북자가 많다는 것은 그만큼 국경의 경비가 허술하거나 인민들의 일상생활에 대한 감시·통제가 약하다는 차원으로 해석할 수도 있다.

　북한의 인민들은 김일성이나 김정일과의 일체성을 가진 상태에서 인민으로서의 권리를 누릴 수 있다고 볼 수 있다. 김일성은 일제 식민지 지배체제에서 국가와 민족을 해방시키기 위해 싸웠던 민족해방운동가들 중의 한 사람이다. 윤봉길, 안중근, 박헌영, 여운형, 김구 등과 같은 민족해방운동가들 중에 한 사람일 뿐이다. 우리나라에서도 민족해방운동가들을 존경하듯이 북한에서도 민족해방운동가인 김일성을 존경하지 않을까 생각한다. 1945년 민족해방이 되자 민족해방운동 세력들 중에 갑산파, 연안파, 소련유학파가 북한으로 입국하였다. 당시 국내파들은 새로운 국가권력의 수립을 준비하고 있었다. 각각의 세력들은 자신의 힘을 바탕으로 권력을 장악하기 위해 새롭게 투쟁하였다. 김일성이 이끌고 있었던 갑산파가 이 투쟁에서 승리하여 북한 정권을 수립하였다. 김일성은 북한 정권을 수립하는 과정에서 혁명적인 정책을 추진하였는데, 대표적인 정책은 토지의 무상몰수 무상분배, 인민의 민주적 권리를 보장하는 법의 제정, 인민군 창설이었다. 북한에 거주하던 지주들이 일제 식민지하에서 농민들을 착취했다는 죄목으로 감옥에 가지 않을까 두려워 자식들을 이끌고 재산을 뒤로 한 채 남한으로 내려오는 계기였다. 소작농으로 가난하게 살다가 무상으로 토지를 분배받고자 한 사람들은 아마도 남한에 내려오지 않고 북한에 주저앉았을 것이라고 상상한다.

　문제는 입헌군주제 국가인 영국을 자유민주주의 국가의 원조라고 하면서도 북한을 봉건적인 군주제 국가에 가까운 독재체제로 간주하는 핵심

이유는 아마도 김일성 스스로 국가권력을 행사하고 국민에게 그 정당성을 강요한 영도주의나 수령관이었을 것이다. 그런데 북한 헌법은 권력과 주권이 근로인민에게 있다고 규정하고 있고, 또한 군인민회의로부터 최고인민회의에 이르기까지의 각급 주권기관은 일반적·평등적·직접적 원칙에 의하여 비밀투표로 선거한다고 규정하고 있다. 이러한 규정만을 생각한다면 대한민국의 주권과 권력이 국민으로부터 나오고 평등·비밀투표를 규정하고 있는 우리나라의 헌법과 무슨 차이가 있는 것일까?

또한 1998년 북한 헌법은 제한적이라 할지라도 개인소유까지 인정하고 있다. "개인소유는 로동에 의한 사회주의 분배와 국가와 사회의 추가적 혜택으로 이루어진다. 터밭경리를 비롯한 개인부업경리에서 나오는 생산물과 그 밖의 합법적인 경리활동을 통하여 얻은 수입도 개인소유에 속한다. 국가는 개인소유를 보호하며 그에 대한 상속권을 법적으로 보장한다." (24조) 북한 헌법의 규정을 근거로 한다면, 북한도 헌법을 최고 규범으로 여기면서 모든 권력이 국민으로부터 나온다고 한다. 또한 각급 주권기관은 평등·비밀의 투표로 선거하여 구성한다. 남한의 자유민주주의와 차이가 있다면, 그것은 단지 개인소유의 범위에서 차이가 있는 것 아닌가? 남한이 생산수단에 대한 개인적 소유를 전면적으로 인정하고 있다면, 북한은 지극히 제한적으로 인정하고 있다. 하지만 북한 헌법과 남한 헌법은 다당제의 문제에서 가장 큰 차이를 나타낸다.

북한도 헌법과 법률로 통치되고 있는 국가이고, 북한의 각급 주권기관들은 북한 인민의 선거로 나타난 공동체 다수의 동의기반으로 구성된다. 1992년 북한은 일당제 단일후보에 대한 찬반형식의 선거제를 17세 이상의 유권자들이 투표에 참여하는 선거제로 바꾸었다. 하지만 일당제이기 때문에 다당제 하에서 자유롭게 경쟁하는 선거게임은 없다. 다당제를 채택한 자유민주주의 국가도 북한의 영도주의나 수령관과 마찬가지로 반공지배 이데올로기를 앞세워 독재정권을 유지하기도 했었다.

남한도 북한과 유사한 역사를 가지고 있다. 1962년부터 1987년까지 유지되었던 군부독재체제에서 거의 모든 선거게임들은 다당제 하에서 경쟁을 하되 공정하지 않았으며 박정희 전 대통령이 북한의 김일성과 마찬가지로 1인 지배체제를 유지하였다. 1987년 이후에는 우리나라에 1인 지배체제는 없어졌지만, 2009년 현재도 우리나라의 선거게임이 공정하게 진행된다고 말하는 사람은 자유민주주의자들 뿐이다. 우리나라 선거는 돈에 의해 좌지우지되기 때문이다. 그렇다고 해서 우리나라의 헌법 제1조인 민주공화국과 권력이 국민으로부터 나온다는 조항이 폐기된 적이 없었다.

북한 헌법 제4조인 "주권이 노동자, 농민, 근로인텔리와 모든 근로인민에게 있다"는 조항도 폐기된 적이 없었다. 민주주의가 주권이 누구로부터 나오는가를 규정하고 있는 헌법의 조항이 문제가 아니라 헌법상의 주권을 실현하는 제반 법률과 연계되어 있을 것이라는 추측을 가능하게 하는 부분이다. 헌법상으로는 자유민주주의인데 일반 법률은 국민의 주권을 지배하려 할 수 있고, 또한 헌법상 인민민주주의인데 일반 법률은 국민의 주권을 실현하려 할 수 있다. 물론 그 역의 관계도 마찬가지이다. 자유민주주의 기본적 원리와 북한의 인민민주주의 원리는 큰 차이가 없다.

남북한 평화동맹국가의 통일헌법!

남북통일에 반대하거나 아예 관심 없는 사람들도 많다. 그러나 남북한 통일문제는 민족의 최대 과제임에 틀림없다. 물론 그 이유는 다양하다. 남북이 하나가 되어 세계 강대국으로 발돋움하자는 이유, 다시는 전쟁이 발발하지 않아야 한다는 이유, 같은 민족이 한 국가를 만들어 같이 살자는 이유. 이 외에도 많은 이유들이 있을 것이다. 남북한이 1972년 7월 4일 평화통일 3대원칙을 발표한 것도 그 연장선상에 있다. 그것은 자주·평화·민족대단결의 통일원칙이다.

남한의 지배세력들은 이러한 통일원칙에도 불구하고 구체적인 통일방안을 공식적으로 발표하지 않았다. 1992년 2월 19일 평양에서 개최된 제6차 남북고위급회담에서 〈남북 사이의 화해와 불가침 및 교류·협력에 관한 합의서〉를 채택하기 이전까지 그랬었다. 이유가 있을 것이다. 하나는 북한의 통일전략이 한반도에서 공산주의적인 정치제도와 사회제도를 실현하고 북한이 주도하는 사회를 건설하려 하였다는 점이다. 다른 하나는 북한이 남한의 역대 정권을 미국의 완전한 식민지로서 허수아비 괴뢰들이고 지주·매판자본가의 이익을 대변하는 반인민적 정권으로 규정했었다는 점이다. 그래서 남한은 북한의 능동적 흡수통일전략인 적화통일정책이나 고려연방공화국 수립정책만을 비판하면서 남한의 통일전략을 우회적으로 표현하였다. 그것을 북한의 능동적 흡수통일전략과 대비하여 규정한다면, 남한의 통일전략은 한마디로 피동적 흡수통일전략이었다. 남한은 미국과 공조하여 북한체제를 자멸하게 한 이후에 통일하려는 전략을 추구하였다. 남한은 이러한 전략을 위해 평화적인 통일운동을 철저하게 탄압하였고 국민을 반공의 울타리에 가두었다.

국민이 북한을 전쟁광으로 생각하게 하는 것도 또한 남한의 피동적 흡수통일전략 중에 하나였다. 박정희 전 대통령과 우리나라의 자유민주주의가 상세하게 가르쳐 주었다. 국정교과서와 언론이 그 역할을 담당하였다. 핵심적인 내용은 북한엔 사람이 살 곳이 아니라는 것이었다. "남한 국민은 자유에 집착한다. 북한은 자유를 허용하지 않는다. 공산주의는 잔인하다. 인간을 도구화하기 때문이다. 북한은 국민의 생활은 아랑곳하지 않고 공산체제의 구축에만 광분한다. 한반도의 전통인 가족제도나 사회제도를 파괴하려 한다."

남한은 이렇게 잔인하고 폭압적인 북한과 왜 7·4남북공동성명을 발표하였을까? 상상하지 않으면 안 될 대목이다. 7·4남북공동선언의 평화통일 3대원칙을 단순하게 외워야만 했던 시절과는 다르게 그 원칙의 저의를 상상 속에서 파헤쳐 보자는 것이다. 남한정부가 국민에게 반공이데올로기를 주입하여 박정희 개발독재정권의 지지기반을 강화시키려 했다 하더라도, 소위 인간을 도구화하는 북한은 남한 지배세력에게 있어서 도저히 함께 살 수 없는 대상에 불과했기 때문이다. 남한 지배세력이 이러한 대상과 7·4남북공동선언을 채택했다는 것 자체가 단순히 평화적인 남북관계로 변화시키려 했다고 판단하기엔 뭔가 공허하다. 7·4남북공동선언과 10월유신독재체제는 서로 무관하지 않을 것이다. 남한은 7·4남북공동선언을 하고 채 4개월도 되지 않아 10월 유신독재체제를 도입하였고 노동자·민중들의 민주주의적 요구를 폭력적으로 탄압하였다. 남한의 유신독재세력들이 밝히지 않은 저의는 아마도 두 가지였을 것이다.

하나는 1948년 이후에 단절되었던 남북한 화해무드를 복원하여 남한 국민의 정치적 관심을 온통 통일문제에 집중시키는 전략이었다. 당시 공화당은 1971년 대통령 선거에서 사실상 신민당 김대중 후보에게 패배했던 정치적 상황과 노동자·민중의 폭발적인 대중투쟁을 반전시킬 필요가 있었다. 7·4남북공동선언이 발표되자 우리나라 국민은 매우 혼란한 상태에 빠지지 않을 수 없었다. 남북통일이라는 당위성에 대해 공감하면서도 잔인하고 폭압적인 공산주의 집단과 함께 살아야 한다는 의식의 혼란이었을 것이다. 국민은 정치적 상황에 대해 주체적으로 판단하기 어려웠고, 남한의 지배세력은 의식의 혼란 상태에 빠진 국민을 정치적으로 악용하면서 유신헌법을 제정하고도 남음이 있었다.

다른 하나는 남북한 공히 각각 자신의 체제에 대한 자신감을 바탕으로 남북관계를 새롭게 정립할 필요가 있었다. 남한은 1962년부터 시작했던 경제개발 5개년계획의 성과이겠지만 경제적으로 북한보다 우위에 설 수 있다는 자신감이었다. 박정희 정권은 '선발전 후통일'이라는 대북정책의 전략을 수립하였다. 경제적인 측면에서 북한식 사회주의 체제보다 우위에 설 수 있다는 것이었다. 북한도 남한과 경쟁할 수 있는 사회주의 체제의 국민적 통일성을 내세울 수 있게 되었다. 북한은 김일성을 중심으로 한 유일지도체계의 구축과 북한식 사회주의 체제에 대한 국민의 지지기반이 강력하다는 자신감이었다. 남북한 정부는 공히 각 체제의 자신감을 바탕으로 체제경쟁을 본격화하였다. 남북한은 자신의 체제를 강화시키기 위해 서로가 서로를 이용하였다. 특히 남한은 선거 시기만 되면 북한의 도발을 유도하거나 조작하면서 반공몰표를 조직하였다. 남북한은 새로운 경쟁관계에서 우위에 서서 서로가 자신하는 전략을 7·4남북공동선언에 깔고 있었던 것이다.

남북한 간의 흡수통일 경쟁관계는 1990년을 전후로 상호공존관계로 변화되었다. 남북한 공히 남북관계를 변화시켜야만 할 상황에 처해 있었다. 북한은 소련을 비롯한 동구권 사회주의 국가의 패망과 냉전체제의 소멸에 따라 새로운 남북관계를 바탕으로 북한식 사회주의 체제를 유지시켜야만 했다. 남한은 군사정권을 몰아낸 1987년 6월민주항쟁의 힘으로 민주주의를 강화시켜야만 할 상황에서 남북관계를 새롭게 구축해야만 할 상황이었다. 남북 간의 상호공존관계는 1991년 9월 남북한 유엔 동시가입으로 완성되었다. 남북한이 통일전략을 바꾸지 않으면 안 되는 국제체계에 편입된 것이다.

남북한의 통일방안은 매우 다양하게 제시되었다. 사회주의 체제와 자본주의 체제를 어떻게 통일시킬 것인가? 국가를 하나로 할 것인가 둘로 할 것인가? 또한 정부를 어떻게 구성할 것인가? '1민족 2체제 1국가 2정부', '1민족 2체제 1국가 1정부', '1민족 1체제 1국가 2정부' 등 다양한 방안이 통일전략으로 제시되었다. 남한은 기본적으로 '1민족 2체제 2국가 2정부'라는 형태의 남북연합제 통일방안을 제시하였고, 북한은 '1민족 2체제 1국가 2정부'라는 형태의 고려민주연방제 통일방안을 고수하였다. 남한의 연합제 통일방안과 북한의 연방제 통일방안이 긴장관계를 형성하기도 했지만, 남북 상호공존관계는 서로 간의 차이점들을 좁혀 나가게 하였다.

남북한의 변화된 통일방안은 1992년 2월 19일 남북기본합의서의 채택과 2000년 6월 15일 남북 정상의 6·15남북공동선언으로 구체화되었다. 김일성의 사망으로 무산되었지만, 1994년 8월에 추진되었던 남북정상회담도 마찬가지의 목적을 가지고 있었다. 남한의 남북연합제 방안과 북한의 낮은 단계의 연방제 통일방안이 서로 합치되기 시작하였던 것이다. 남북한의 두 가지 선언은 기본적으로 남북화해, 상호간 불가침, 남북 간의 교류 및 협력의 강화 등을 담고 있으며, 1972년의 7·4남북공동선언의 3대원칙을 보다 구체화하려 하였다. 이후 남북한은 통일전략의 일환으로 이산가족상봉, 개성공단의 개방, 국제적인 체육행사에 남북단일팀 구성 등과 같은 정책을 추진하였다. 남북한이 점진적으로 통합해 나가는 아주 느슨한 국가연합의 계기들이었다.

그러나 남북한은 미국이나 주변 국가들 때문에 상호공존관계를 유지하지 못하였다. 미국과 일본은 북한의 핵과 미사일을 문제시하면서 북한을 고립화하려 하였다. 북한은 이에 저항하면서 국제적인 대북한 고립화 전략을 변화시키려 하고 있다. 그러나 유엔안전보장이사회도 최근에 북한에 대한 제재조치를 가결하였다. 남북 간의 상호공존관계가 적대적인 상호경쟁관계로 변화되고 있다. 북미 간의 긴장관계는 미군이 남한에 주둔하고 있고 남북 간의 휴전협정을 평화협정으로 변화시키지 않는 이상, 한반도에서 전쟁이 재발하게 되는 불씨로 작용한다. 한반도에서 미국과 북한이 전쟁을 한다고 상상해 보라! 죽음과 폐허의 참상에 내몰리는 것은 한반도에 살고 있는 남북한 국민이다.

남북한이 어떠한 통일방안을 합의한다 하더라도 그것을 실현하기 위해서는 한반도를 둘러싼 동북아 지역의 국제질서에서 남북통일의 정당성을 획득해야 한다. 남북한이 서로 흡수통일하겠다는 전략은 곧 전쟁이 재발할 가능성을 내포하고 있기 때문이다. 그래서 남북한은 일시에 통일하는 전략보다 통일의 정당성을 획득하는 차원에서 통일전략을 구상해야 한다. 그것은 동북아 지역에 평화벨트를 구축하는 전략이다. 소위 6자회담의 주체인 미국, 중국, 러시아, 일본, 남한, 그리고 북한이 동북아 지역의 경쟁적인 관계를 평화적인 관계로 변화시키면 된다. 그 중심에 남북한이 있다. 누구든지 평화적인 관계의 필요성에 대해서 공감한다. 하지만 평화적인 관계를 새로운 국가를 만드는 전략으로 상상하는 사람은 거의 없다.

평화전략 그 자체를 통일전략으로 구성한다면, 남북한은 한반도에 평화동맹국가를 만드는 전략으로 동북아 지역의 헤게모니를 함께 확보해 나가야 한다. 제3의 평화동맹국가는 남북한 국민의 주권을 침탈하려는 미국과 저항하기 위한 평화전략이자 중국·러시아·북한·남한·일본으로 연결되는 동북아 평화벨트를 구축하기 위한 전략이다. 평화동맹국가는 상상 속의 대안이 아니다. 남북한이 국가로 존재하면서 남북한의 합의하에 새로운 제3의 국가를 한반도에 만드는 전략이다.

평화동맹국가를 그동안의 남북한 통일방안에 대입하면, '1민족 2체제 3국가 3정부'라는 형태의 통일전략인 것이다. 이것은 3국가 통일방안이다. 한반도에 남한과 북한 말고 제3의 새로운 국가가 만들어진다고 상상해 보라. 그것은 바로 남북한이 서로 현재의 체제와 국가 및 정부를 인정한 상태에서 하나의 민족을 평화적으로 재구성하는 제3의 국가를 만드는 평화동맹전략이다. 제3의 국가는 한반도에서 남북한이라는 개별 국가를 유지한 채 평화와 통일만을 추구하는 새로운 국가이다.

세계정부 혹은 글로벌 체제와는 무관하게 이러한 제3의 국가형태가 유럽에서 움트고 있다. 유럽연합이 대표적인 경우이다. 유럽연합은 1950년대 초반부터 경제위기를 극복하기 위한 시장화 전략의 일환으로 추진되다가 2004년에 헌법을 만들면서 제3의 유럽지역국가로서의 역할과 기능을 담당하게 되었다. 유럽지역의 개별 국민국가들은 이를 위해 유로라는 단일화폐를 만들어 사용으로 추진유럽연합이 헌법을 바탕으로 제3의 국가로서의 법과 제도들을 만들어 나가고 있는 것이다. 유럽연합은 현재 G20국가 가운데 하나이다. 하지만 유럽연합은 소속된 개별 국민국가의 주권을 절대

침범하지 못한다. 단지 유럽연합은 시장화 전략에 있어서만큼은 개별 국민국가에게 적지 않은 힘을 발휘하고 있다.

한반도의 평화동맹국가는 동북아 지역의 제3의 국가로서 동북아 평화를 위해 헌법을 보유하고 그 헌법에 상응하는 법과 제도를 만들어 내는 새로운 국가이다. 동북아 지역의 다양한 국가들이 이러한 평화동맹국가의 건설에 함께 참여하지 않는다면, 남북한이 먼저 평화동맹국가를 만들어 동북아 지역의 다른 국가를 편입시켜 나가는 방안도 있을 수 있다. 평화는 정치의 연속일 수밖에 없기 때문이다. 평화는 기본적으로 전쟁에 저항하는 정치투쟁의 가운데서 그 사상을 싹틔우고 대립과 갈등을 지양하였다. 평화야말로 지구적으로 사고하고 지역적으로 생활하는 국민의 진정한 주권일 수 있다. 물론 자본주의 사회에서는 계급대립의 지양을 통하여 국가 간의 전쟁이 폐지되고 영구적인 평화가 가능하다고 본다. 계급투쟁은 지속적인 평화를 이루기 위한 수단으로 간주될 수 있으며, 전쟁도 평화를 위한 수단으로 해석될 수 있다.

그렇다면 평화동맹국가의 헌법은 어떻게 구성되어야 하는가? 제3의 국가는 한반도의 평화라는 전제에서 헌법의 기조를 만들어야 한다. 제1차적인 것은 평화동맹국가의 주권을 어떻게 설정하느냐이다. 그 주권은 당연히 남북한 국민이 보유하고 있는 평화주권이다. 남북한 국민은 평화와 관련하여 제3의 국가와 사회계약을 체결하는 것이다. 다음으로 중요한 것은 한반도의 평화를 위해 제3의 권력구조를 구성하는 문제이다. 권력은 입법권, 집행권, 조정권으로 분립한다. 특히 조정권은 개별 국민국가인 남한과 북한의 이해가 서로 달라서 발생되는 갈등과 분쟁을 조정하는 권력이다. 국가권력의 집행자들은 남북한 국민의 직접선거로 선출된 사람들로 구성한다. 마지막으로는 예산과 관련된 구조이다. 남북한 국민은 세금을 이중적으로 내야만 한다. 남북한이라는 국가와 제3의 국가인 평화동맹국가에게 세금을 내는 것이다. 평화동맹국가는 평화를 위한 세금징수권을 갖는다.

하지만 평화동맹국가는 개별 국민국가인 남북한의 주권을 절대로 침해할 수 없다. 평화전략에 대해서만큼은 제3의 국가로서의 힘을 발휘할 수 있게 하면 된다. 물론 제3의 국가는 독자적으로 군사력을 보유할 수 없다. 그러나 한반도에서 군사력을 사용하는 문제만큼은 혹은 평화주권을 실현하는 문제만큼은 제3의 국가가 절대적인 권한을 갖게 하면 된다. 물론 그 권한의 행사 여부는 남북한의 지배세력이 아니라 남북한 국민이 결정하는 구조로 구성한다.

제3의 국가는 유엔이나 유럽연합이 안고 있는 구조적 한계를 극복해야 한다. 그 한계는 바로 유엔이나 유럽연합에 가입한 강대국 중심의 운영이라는 점이다. 유엔헌장이나 유럽연합헌법이 실질적인 힘을 발휘하지 못한다는 것이다. 유엔헌장 제2조에서 모든 회원국은 국제평화와 안전, 그리고 정의를 위태롭게 하지 않는 평화적인 방법으로 국제분쟁을 해결한다고 규정하고 있다. 하지만 유엔은 전쟁을 도발하는 미국의 행동에 정당성을 부여하는 역할만을 해 왔다. 유럽연합도 자본의 시장화 전략의 일환으로 유럽의 노동자·민중들을 희생시키는 법과 제도만을 구축하고 있다. 그러나 한반도의 제3의 국가는 이러한 한계를 내포하고 있는 국제기구로 혹은 지역국가로 존재하는 것이 아니다. 한반도의 평화를 유지하는 실질적 주체로서의 국가인 것이다.

자유민주주의 체제에서 권력의 원천은 국민이 아니었다. 국민은 국가권력의 대상이었다. 자유민주주의 체제는 이 사실을 조작하였다. 국민은 조작된 민주주의를 민주주의로 여기면서 살았다. 국민은 두려움에 중독되었다. 자유민주주의 체제를 넘어설 수 없었던 두려움이다. 상상혁명은 자유민주주의 체제의 권력구조 자체를 전복한다. 국민이 자신의 주권을 통제하고 지배하는 민주주의 권력구조를 추구한다. 권력에 대한 자기지배의 원리를 끊임없이 추구하는 상상혁명이다.

상상혁명 2 _ 국가

3권분립의 민주주의

300년 전의 3권분립?

　민주주의는 3권분립을 기본으로 한다. 우리나라 헌법도 3권분립을 규정하고 있다. 많은 사람들은 이 원칙을 거의 의심하지 않는다. 입법부·사법부·행정부가 서로 권력을 견제하면서 균형을 유지하는 원칙으로 알고 있기 때문이다. 너무나 잘 알려진 3권분립의 연원은 영국이다. 그런데 영국은 현재 입헌군주권까지 보장하고 있다. 영국의 국가권력은 4권분립이다. 다행히 3권분립이 아닌 4권분립의 권력구조도 민주주의 국가일 수 있는 것이다. 역으로 국가권력의 3권분립이 반드시 민주주의를 보장한다고 할 수 없는 논리이기도 하다.
　우리나라는 1948년 이후 현재까지 민주주의 국가의 대원칙으로 3권분립을 유지하고 있다. 그 덕택에 우리나라 국민은 3권분립이 지향하는 견제와 균형이야말로 민주주의의 기본원칙이라는 것을 잘 배워 왔다. 그런데 우리나라의 권력구조는 형식적으로는 3권분립인데 실질적으로는 1인 독재권력 체제였던 역사도 있었다. 또한 1987년 6월민주항쟁으로 1인 독재권력 체제는 사라졌지만 국가는 여전히 3권분립을 내세우면서 권력을 독점하고 있다. 권력엘리트들은 권력의 주체인 국민을 지배하고 있다. 3권분립을 해야만 민주주의 국가라는 고답적인 원칙의 함정이었다. 3권분립의 구조가 민주주의의 기본원칙인가에 대해 의문을 갖게 된 결정적 원인이다. 3권분립이 민주주의의 기본원칙인가라는 의문만으로도 상상력이 고갈되어 가고 있는 사람들을 자극하기에 충분하다. 또한 300년 전의 역사 속에서 3권분립의 본래 의미를 검증하는 것이 현실의 민주주의를 이해하는 데 도움을 주고도 남음이 있었다.

17세기 말 영국의 로크는 국가권력의 분립을 제시하면서 입법권, 집행권, 동맹권을 주창하였다. 18세기 초 프랑스 몽테스키외는 로크의 3권분립을 《법의 정신》이라는 책에서 입법권, 법에 관한 집행권, 시민에 관한 집행권으로 완성하였다. 몽테스키외는 국가권력이 특정 세력에게 집중되는 것을 우려하였다. 전제군주나 귀족 또는 시민들이 세 가지의 권력을 독점하는 것에 대해 경계하였다. 이러한 우려는 전제군주나 귀족 또는 시민들이 서로 국가권력을 분점해야 한다는 의미이기도 했다. 절대군주를 중심으로 구축되어 있는 권력을 귀족과 시민들이 분점하면서 서로를 견제하고 균형을 이루는 권력구조를 정착시켰던 것이다.

3권분립이 국가의 통치권을 입법, 사법, 행정으로 분리하여 국가기관인 국회, 법원, 정부에 맡겨 권력 간의 견제와 균형으로 권력남용을 막고 국민의 자유와 권리를 보장하는 법치주의의 조직원리로 작용하게 된 근본적 배경이다. 근대 입헌주의의 핵심원리인 권력분립주의가 정착된 것이다. 그 이면에는 시민들의 자유를 국가의 법이 허용하는 수준으로 제한시키고자 하는 원리도 작동되었다. 시민들이 국가권력의 일부를 보유하게 된 이상 법의 틀을 유지해야만 한다는 것이었다.

1787년 미국의 연방헌법도 3권분립 제도를 채택하였다. 1789년 프랑스 인권선언 제16조에서도 권력분립이 민주주의의 기본원칙으로 제시되고 있다. "권리의 보장이 확보되지 아니하고 권력의 분립이 규정되어 있지 않는 사회는 모두 헌법을 가지는 것이 아니다." 이러한 권력분립은 절대군주제에 저항했던 근대 시민혁명의 성과이다. 시민들은 시민혁명으로 신분상의 자유나 노동계약의 자유만이 아니라 권력의 한 주체로 등장하게 되었다. 그런데 절대군주나 귀족들은 시민들에게 입법권의 일부만을 제공하였다. 시민들은 의회를 구성하는 한 주체로서의 권력만을 기존의 기득권 지배세력과 공유하게 된 것이다. 그래서 3권분립은 헌법에서 규정하는 한 입헌군주제나 공화제와도 결합될 수 있다.

이처럼 3권분립의 역사적 정당성은 1인 혹은 소수의 절대적인 권력을 약화시키는 대신에 시민의 권력참여를 제한적으로 보장하였다는 점에 있다. 그러나 부르주아 세력은 자본주의가 발전함에 따라 3권분립의 권력구조를 독점하기 시작하였다. 주요한 수단은 절대군주나 귀족들에겐 입헌군주권을 부여하고 노동자·민중에겐 선거권만을 부여하는 것이었다. 물론 국민의 대다수인 노동자·민중은 선거로 입법부를 구성한다. 행정권의 수반인 대통령이나 수상을 국민이 직접 선출하는 한, 행정권 역시 국민이 보유하고 있다. 형식적으로는 국민이 입법권과 행정권을 가지고 있다.

부르주아 세력들은 입법권과 행정권을 행사하는 주요 수단인 선거를 각종의 법과 제도로 장악하고 있다. 투표의 결과가 어떠하든 부르주아 지배체제가 유지될 수 있게 한다. 주요 수단은 바로 3권분립이다. 부르주아 세력들은 국가의 3권을 장악한 상태에서 그저 국민을 선거에 동원하면 그만이다. 국민은 그저 부르주아 세력의 법과 제도라는 틀 내에서 투표하는 것으로 만족해야 한다.

우리나라 국민은 국회에서 제정되거나 개정되는 법률의 문제에 거의 개입하지 못한다. 개입하고 싶어도 그 절차가 너무나 복잡하고 법률 용어만큼이나 어렵다. 일반적으로 법률은 행정부나 10명 이상의 국회의원이 함께 서명하여 법안을 발의한다. 발의된 법안은 일반적으로 해당 상임(소)위원회, 공청회, 법제사법(소)위원회, 국회 본회를 거치면서 제정되거나 개정된다. 또한 국회의장은 법제사법위원회에서 통과된 법안을 놓고서 각 정당의 원내대표들이 합의하지 못하고 있는 법안을 국회 본회의에 직권으로 상정하여 찬반을 물어 결정할 수도 있다. 법안이 법제사법위원회를 거치지 못한 채 해당 상임위원회에 상정되어 있는 것조차 일정 심사기간을 지정하여 요청하고 그 기간이 지난 것에 대해서도 국회의장이 직권으로 상정할 수 있다. 국민을 대변한다고 하는 국회의원의 의사와 무관하게 법안이 상정될 수 있는 구조이다. 국회는 이러한 과정을 거치게 하면서 법률을 제정하거나 개정한다. 국민이 어떤 법안을 직접 발의한다 하더라도 이러한 절차를 거쳐야만 한다. 정치엘리트들은 결코 법률 제·개정의 절차를 단순화시키지 않는다. 국민은 절차가 복잡할수록 정치엘리트들에게 의존하지 않을 수 없기 때문이다. 또한 정치엘리트들은 복잡한 절차를 이용하여 사적인 이해나 정당의 이해를 관철시킨다.

우리나라뿐만 아니라 세계의 거의 모든 국가들은 민주주의 체제를 유지하든 그렇지 않든 헌법에서 권력분립을 채택하고 있다. 그 이유는 간단하다. 현대사회의 기득권 지배세력이 국가권력을 매개로 국민을 지배하는 데 매우 유용한 권력구조이기 때문이다. 그 의미를 보다 구체적으로 파악한다면 다음과 같다.

첫째, 민주주의 체제이건 권위주의 체제이건 사회구조가 전문화되고 복잡해지면서 법률의 제정과 집행, 판단이라는 세 가지 업무가 분화될 필요가 있었다. 하나의 권력만으로 국민의 다양한 욕구와 민주주의에 대한 열망을 충족시키기가 어려워졌다. 둘째, 권력분립은 법률의 총체적 힘인 국가권력을 분점하면서 지배 네트워크를 구축하는 데 지불할 비용을 최소화할 수 있는 조직체계였다. 권력 간의 견제와 균형이라는 측면보다는 국민주권을 유린했을 경우 그 책임을 효과적으로 분산시키기에 적합한 체계이다. 셋째, 국민의 일상생활과 국가권력을 서로 분리시키고 국민의 권력 참여를 최소화하는 데 매우 효과적인 권력구조였다. 국민의 참여를 입법부로 제한시키고, 행정부와 사법부의 권력에 대해서는 입법부를 통해서 참여하게 하였다.

3권분립의 역사적 정당성이 존재한다고 해서 현대사회에서도 그 정당성이 부여되는 것은 아니다. 3권분립의 권력구조는 현대 자본주의 정보사회에서 그 의미를 잃어가고 있다. 정보사회는 권력의 역할과 기능에 있어서 구조의 변화를 요구하고 있는 것이다. 국가의 권력구조가 3권분립이 아니라 4권분립이나 5권분립으로 분화되는 것이 현대사회에 맞을 수 있다. 민주주의의 기본원칙이라고 했던 3권분립의 권력구조는 이미 그 정당성을 상실하였다. 3권분립의 정당성을 부정하는 그 자체가 역사적으로 존재했던 민주주의의 기본원칙을 새롭게 복원하는 과정이 될 수 있다.

우선 자본주의 생산력의 발전으로 사회구조가 복잡해지면서 다층적인 이해세력들이 출현하고 있어서 3권분립의 의미가 이미 퇴색되어 버렸다. 자본의 힘을 보유하고 있는 경제권력도 등장했으며, 시민사회의 힘을 바탕으로 하는 시민권력도 등장하고 있다. 노동자와 농민들은 자신의 조직으로 또 다른 대중권력을 형성하고 있다. 그런데도 권력 간의 담합이나 갈등이 국민주권을 유린하기도 하고 국민을 권력으로부터 소외시키기도 한다. 다층화된 권력은 국가를 중심으로 하는 법률이나 권력이 항상 시대에 뒤떨어진다고 말한다.

다음으로는 대통령제나 의원내각제 하에서 대통령이나 수상의 절대적 권한이 3권분립을 형식화시키고 있다. 국민의 권력을 위임받은 국회의원들이 오히려 국민보다 현대 정보사회에 적응하지 못하여 국민의 정보력보다 뒤떨어지기도 한다. 현대사회의 입법권은 국민주권을 실현하는 데 적지 않은 한계를 드러낸다. 그래서 국민도 입법권을 넘어서서 행정권 및 사법권에 참여하고 있다. 자신의 권력에 대한 자기통치로 행정권 및 사법권을 통제하고 감시하려 한다. 그런데 대통령의 권한이 절대적인 대통령제 하에서 3권분립은 큰 의미를 가지고 있지 않다.

우리나라의 경우, 대통령은 특정 정당 내부에서 경선을 거치고 난 이후에 대통령 후보로 나서서 선거에서 승리하면 당선된다. 당선된 대통령은 행정부를 수반하는 최고통치권자로 존재한다. 우리나라 대통령은 자신을 후보로 내세운 정당만이 아니라 사법부에 대한 인사권과 예산권도 가지게 된다. 대통령의 권한이 너무나 강력하기 때문에 권력주체들은 대통령으로부터 결코 독립적이지 못하다. 대통령의 얼굴만을 바라보는 해바라기 권력주체, 권력만을 좇아가는 정치가 양산된다.

마지막으로 3권분립을 유지하기 위한 제도와 절차가 국민주권을 무력화시키고 있다. 우리나라 국회는 2008년 12월에 한미FTA 및 언론관계법을 놓고서 쇠망치와 소화기를 들이대는 싸움판을 벌였다. 2009년 7월 국회에서 통과된 미디어 및 언론 관련법들도 마찬가지였다. 일부 신문들은 "민의의 전당인 국회에서 폭력이 난무하는 것을 그대로 두어야 하는가"라는 제목으로 국회를 비판하였다. 국회에서 더 이상 폭력이 발생할 수 없도록 제도와 절차를 강화하라는 요구였다. 국회 스스로도 자신의 폭력을 비난하면서 국민에게 용서를 구하였다. 국회 스스로 무법과 탈법을 인정하였다. 국회는 그동안 생활현장에서 촛불, 각목, 쇠파이프, 화염병으로 자신의 권리를 쟁취하려는 사람들에게 비판의 화살을 쏘면서 법대로 원칙을 들이대 왔다. 다수에 대한 소수의 최후 몸부림이라고 아무리 항변해도 제도와 절차의 형식적 정당성 앞에서 고개를 숙이거나 사과하곤 한다. 쇠파이프와 화염병을 드는 정치는 민주주의를 외칠 자격이 없는 '사회악'이고 제도와 절차를 이용하는 폭력은 '사회선'으로 둔갑한다.

제도와 절차가 형식적으로는 민주적이라 하더라도 실질적으로 힘을 가지고 있는 정당은 제도와 절차의 폭력을 사용할 수 있다. 우리나라에서 법률이 제정되거나 개정되는 제도와 절차가 바로 그러하다. 국회에서 힘을 가지고 있는 정당만이 법률을 제정하거나 개정할 수 있는 제도와 절차이다. 국회의원의 수가 적다는 이유만으로 법안의 해당 상임위원회와 법제사법위원회에 국회의원을 배정받지 못할 수 있기 때문에, 다수의 국회의원을 확보한 정당은 국회법의 제도와 절차를 이용하여 소수 정당의 요구를 묵살할 수 있다. 국민의 주권은 이 과정에서 자신의 권리를 위임받은 정당이나 국회의원들에 의해 무시되곤 한다. 국민이 자유민주주의 대의제도 하에서 국회의원을 소환하거나 통제할 수 없기 때문이다.

이처럼 3권분립은 국민주권을 실현하기에 적합한 민주주의의 기본원칙에서 수립된 것이 아니라 전제군주에 대항하면서 수립된 입헌민주제의 원칙이었다. 기본적으로 3권분립은 중상주의 시대를 거치면서 성장하기 시작한 신흥 부르주아지들의 자유주의적 권리를 반영한 지배세력 간의 합작품이었다. 군주와 귀족, 지주, 그리고 신흥 부르주아지들이 노동자와 농민에게 신분의 자유, 노동계약의 자유, 정치적 자유 등을 부여하는 대신에 국가권력을 독점적으로 분점한 것이다. 노동자·농민의 권리는 3권분립에 실질적으로 반영되지 않았다. 현대 정보사회에선 더욱 그러한 현상이 나타난다. 3권분립은 오늘날에 입헌정부가 전제군주정부로 회귀할 수 있는 조건으로 작용할 수도 있다. 부르주아 세력은 입헌군주와 함께 국민을 탄압하는 독재체제를 부활하곤 한다. 부르주아 세력이 국가권력의 3권을 독점하고 있고, 또한 필요한 경우에 언제든지 그 권력을 전제적인 독재자에게 팔아넘길 수 있기 때문이다. 국민주권은 이제 부르주아 세력의 독점적인 3권의 장식물로 전락하고 있다. 3권분립 하에서 국가권력이 비대해져 국민주권이 실현되지 못하고 국가가 수시로 국민의 기본적 권리를 침해할 경우에는 고전적 3권분립이 현대적 사회구조에 무용지물이라고 말한들 누가 뭐라 할 수 있겠는가?

권력의 4권분립과 5권분립!

3권분립은 단지 권력구조의 형성, 집행, 평가를 위한 정치체제로 국가권력을 유지하기 위한 조직체계이다. 사회가 변하면 시스템도 변해야 한다. 비정부기구들이 그러한 변화를 주도하고 있다. 자유민주주의 국가들 전부가 3권분립의 시스템으로 운영되지 않고 있다. 자유민주주의 체제에는 3권분립뿐만 아니라 4권분립도 이루어진 상태에서 국가권력을 유지하고 있었다. 입헌군주제를 유지하고 있는 국가는 4권분립이라는 시스템으로 권력구조를 유지하고 있다. 국가권력이 입법권, 행정권, 사법권, 그리고 왕권으로 구성되었다.

3권분립의 한계를 극복하는 차원에서 국민발안제도를 도입하고 있는 나라도 있다. 국민이 일정한 요건을 갖추어 법안을 제출하는 제도이다. 미국의 대부분 주와 스위스, 독일, 일본 등에서 채택하고 있다. 우리나라의 경우는 국민발안제도가 헌법상으로 규정되어 있지 않고, 법률·명령·규칙의 제정과 개정 또는 폐지에 관한 청원권이 국민의 기본권으로 부여되어 있다. 그런데 국민의 청원권조차 거의 힘을 발휘하지 못한다.

모든 국가권력이 국민으로부터 나온다는 말은 이런 의미이다. 국민의 동의를 기반으로 권력을 형성하고, 그 권력을 행사하면서 스스로 대상화되거나 소외되지 않는다는 것이다. 또한 권력을 만든 주체들이 스스로 그것을 통제하고 관리한다는 것이다. 반면 정치적 대상화나 소외는 "정치권력을 생산한 주체가 실질적으로 권력을 향유하지 못하면서 오히려 권력으로부터 지배받는 현상"을 의미한다. 권력을 보유한 사람이 자신의 권력을 위임하고 난 이후에 '자기권력'을 지속적으로 행사하거나 통제하지 못하는 경우이다. 국민은 스스로가 자기권력으로부터 소외된다.

최근 헌법을 제정한 외국의 사례는 3권분립의 조직원리가 변화될 수 있다는 것을 보여 준다. 베네수엘라는 2008년 8월 15일에 새로운 헌법을 제정하였다. 우고 차베스 대통령은 국회에 신사회주의 헌법 초안을 상정하면서 다음과 같이 강조하였다. "이 법안은 애국적이고, 민중적이며, 반제국주의 헌법이다. 법안이 통과되면 중남미 권력구조에 새로운 장을 여는 권력의 신新기하학이 될 것임을 확신한다." 베네수엘라의 헌법은 3권분립의 원리를 유지하기보다는 국민주권의 원리를 더욱 강화시키면서 5권분립 체제를 완성하였다.

베네수엘라 헌법 제5조는 "주권은 국민에게 있고 국민은 헌법에 보장된 형태에 따라 '직접적'으로 또는 '간접적'으로 주권을 행사한다"고 명시하고 있다. 베네수엘라 국민은 새로운 헌법 체계 아래에서 정책결정자들을 소환할 수도 있고, 또한 국가정책을 직접 발의하거나 결정할 수도 있다. 국민은 직접 국가권력을 통제하고 관리할 수 있는 선거권력을 보유하고 있다. 국민이 원할 경우, 국민은 자문, 소환, 승인, 폐지 등과 같은 사항을 국민투표로 결정할 수 있다. 베네수엘라는 이 외에 '시민권력'을 추가하였다. 시민권력은 민중의 수호자, 검찰총장, 감사원장으로 구성된 공화국 윤리위원회를 중심으로 형성되었다. 다른 4개의 권력들이 헌법에 정의된 기능을 따르도록 예방, 조사, 처벌하는 권한을 가지고 있는 권력인 것이다.

우리나라의 자유민주주의는 입헌군주제를 허용하지 않고 있기 때문에 베네수엘라처럼 5권분립은 아니라 하더라도 4권분립을 도입할 수 있다. 현행 3권분립의 구조를 국민이 행정·입법·사법을 통제하고 관리할 수 있는 권리, 즉 '국민통제권'을 인정하는 4권분립 구조로 변화시키는 것이다. 국회가 입법권을 행사하면서 국민주권을 침해할 경우에 국민은 국민통제권을 발휘하여 국회를 해산시킬 수 있다. 또한 국가정책의 수립 및 집행의 과정에서 국민주권을 침해하는 대통령과 행정부를 국민이 파면시킬 수 있다. 사법부도 역시 그 대상에서 예외가 아니다. 국민통제권이 발휘되는 방식은 다양할 수 있지만, 우선적으로 고려해 볼 수 있는 방안은 국민투표제도를 이용하는 것이다. 국민 스스로 주권을 실현하고 일상생활에 필요한 법을 입법부가 잘 만들고 있는지, 그리고 행정부는 그러한 법에 근거하여 정책을 잘 수립하고 있는지를 국민이 감시하고 통제하는 권한이다.

그런데 이러한 방식의 4권분립보다 더 중요한 대안을 상상해 볼 수 있다. 대한민국이 국민주권을 실현하기 위해서는 자유민주주의의 3권분립, 즉 입법·행정·사법이라는 권력분립구조를 폐지해야 한다. 행정과 사법은 법을 집행하고 판단하는 일에 주권의 하위권력에 불과하다는 점을 고려할 때 새로운 권력분립은 국민주권을 중심으로 분립해야 한다. 베네수엘라의 5권분립은 행정과 사법을 인정하고 있는데, 이 또한 국민주권을 중심으로 하는 권력분립이 아니다. 국민이 실질적으로 법을 제정하고 개정할 수 있는 입법권, 편안하고 행복하게 살다가 죽을 수 있는 생활안전권, 그리고 법과 제도를 통제할 수 있는 권력통제권으로 권력분립이 이루어질 경우, 이것이 바로 국민주권을 중심으로 하는 권력분립이다. 권력분립의 중심에 국민 서 있어야 한다. 국가권력의 구조가 신3권분립으로 재편되면 가능하다. 국가권력이 입법권, 생활안전권, 권력통제권으로 분립된다. 이는 곧 국가를 국민의 집행권력으로 만드는 과정이다. 오로지 국민을 위해 봉사만 하는 국가의 역할과 기능을 복원하는 과정이기도 하다.

대통령의 권한과 국가폭력 민주주의

대통령은 입헌군주?

대통령제는 대통령 1인에게 권력을 집중한다. 대통령제의 대표적인 한계로 지적되는 부분이다. 대통령 한 사람의 의지에 따라 종종 자유민주주의 체제가 파시즘 체제로 변하기도 한다. 권한이 있어야만 대통령도 하고 국회의원도 하는 것인가?

아메리카 인디언 사회들은 민주적 감각과 평등성을 선호한다는 특징을 갖는다. 이것이 가능하게 된 것은 무력無力에 가까운 권력 때문이었다. 추장은 평화의 중재자이고, 재화에 집착해서는 안 된다. 구성원들과 소통을 잘하기 위해 말을 잘해야만 한다. 추장은 오히려 공동체 사회에서 부와 메시지의 채무자이다. 추장은 자신이 오직 집단에 의존하고 있고 언제나 사심 없이 임무를 수행한다는 것을 끊임없이 밝혀야 할 의무를 지니고 있었다.

가장 보편적인 정부형태는 대통령제이다. 국민의 직·간접선거로 선출된 대통령이 행정부의 수반으로서 역할과 국가원수라는 역할을 이중적으로 담당한다. 대통령제는 최소한 임기를 보장하기 때문에 국정운영의 안정성과 지도력을 발휘할 수 있다는 점에서 장점을 가지고 있다. 그러나 국회에서 과반수의 의석을 확보한 정당의 후보가 대통령에 당선될 경우 그 대통령은 다수당의 의석을 이용하여 전제군주와도 같은 권력을 행사할 수 있다. 국가원수head of state라는 개념은 로마제국 초기에도 찾아볼 수 있으나 근대에 와서 정립된다. 19세기에 독일 입헌군주제 국가들의 헌법이 군주君主를 국가원수라고 부르면서 널리 퍼지게 되었다. 통치권을 총람總攬하고, 행정권의 수장이며, 조약의 체결·비준권, 기타의 대외적 국가대표권을 가진 군주를 국가의 머리로 비유한 것이다. 현대사회에서도 국가원수는 군주가 누렸던 권한에 버금가는 권력을 가지고 있다.

대통령제는 의원내각제나 이원집정부제에 비해 국민의 주권을 유린하기가 쉽다. 1972년 10월, 유신체제가 도입되고 난 이후 박정희 전 대통령이 김재규의 총탄에 쓰러지기 이전까지 유신헌법은 대통령에게 국회해산권 및 각급 법관에 대한 임명권을 보장하였다. 국회나 사법부는 대통령의 권한을 견제할 어떠한 권한도 거의 보유하지 못하고 있었다. 박정희 전 대통령은 행정·입법·사법보다 위에 군림하는 전제군주와도 같았다.

대통령의 권력을 보좌하는 사법기관 및 검찰, 국가안전기획부나 경찰 등은 국가폭력을 직접 행사하였다. 우리나라 대통령제는 이러한 국가기구를 존속시켰다. 대통령이 국민을 통치대상으로 전락시키기 위한 수단이었다. 그런데 공공생활의 평화와 질서라는 이름은 국가폭력을 정당화한다. 국가폭력은 공공을 위해 선한 것으로 미화되고 국민의 저항은 미개하고

야만적인 것으로 치부되어 버린다. 합법적 국가폭력은 인정되고 국민의 저항적 폭력은 법치주의에서 인정될 수 없는 것인가?

우리나라 국민은 1981년 이후 통치주의의 한 수단인 단임제 대통령제에 참으로 익숙하다. 대통령제만이 정부형태인 것으로 착각하는 경우도 많다. 대통령제 말고 다른 제도를 경험해 보지 못한 사람들일수록 다른 정부형태를 상상하지 못할 것이다. 4·19혁명 이후 제2공화국이 의원내각제를 잠시 도입한 것 말고는 모든 정부형태가 대통령제였으니 그럴 만하다. 전제군주의 정치문화가 대통령제로 계승되고 있다고 해도 과언이 아니다. 대통령은 살아있을 땐 무제한적인 권한을 사유화해도 괜찮고, 죽을 땐 과거의 허물을 거의 묻지 않는다.

우리나라 정치세력들은 이처럼 전제군주의 힘을 보유하고 있는 대통령의 꿈을 버리지 않는다. 방식이 어떻든 대통령이 되면 그만이다. 과거도 묻지 않는다. 재임 기간에는 자신의 말이 곧 정책이고 법이다. 그래서 종종 대통령제를 중임제로 혹은 의원내각제로 바꾸자는 말을 하고 있지만 큰 힘을 받지 못하는 것이 사실이다. 민주적이지 않은 현 정권을 바꾸어야 한다고 주장하는 사람들조차 대통령제 말고는 다른 정부형태를 상상하지 못하고 있는 것이 현실이다. 대통령이 무소불위적인 권한으로 국민의 기본권을 유린한다 하더라도 다른 대통령으로 대체하면 나아질 것이라고 생각하면 그만이다.

대통령제든 의원내각제든 국민이 권리를 행사하기 위한 수단이자 제도이다. 그 수단이 국민주권을 실현하는 데 문제가 없다면 새로운 제도를 도입할 필요는 없다. 하지만 국민이 새로운 제도의 필요성을 느낄 땐 그 수단과 방법을 언제든지 바꿀 수 있어야 한다. 만약 대통령제와 의원내각제 모두 국민주권을 실현하는 데 문제가 있다면 국민은 이 두 가지의 제도를 폐기하고 새로운 제도를 도입할 수 있다.

    우리나라 헌법에서는 대통령을 통수권자로 여기면서 대통령이 국가를 지키는 것처럼 규정하고 있다. 우리나라 대통령은 헌법에서 무한한 권한을 보장받고 있다. 그러한 권한 중에 하나가 대통령 후보로 나서는 순간부터 부여된다. 대통령 후보들은 특급 경호를 받으면서 선거운동을 한다. 당선이 되고 나면 권한은 무궁무진해진다. 권한을 압축하는 있는 말은 국가의 원수이다. 국민의 종복이 아니라 국민의 지배자가 된다. 대통령은 국가원수라는 이름 아래 국가폭력의 실질적 책임자이지만 그에 대한 책임은 온데간데없고 누릴 수 있는 권한만 무궁무진하다. 법적으로 의무는 미약하고 권한만 한아름인 현실의 대통령제가 그러하다. 대통령이 누리는 권한이 법치주의에서 벗어나지 않는다고 하면서 국가폭력을 행사하거나 방조한다면, 법치주의는 민주주의의 기본원칙이 아니라 권력을 장악한 세력에게 부여되는 통치주의의 기본원칙으로 봐야 할 것이다.

3원합의제가 민주정부다!

    법치주의 사회에서 법이 보장하고 있는 대통령의 권한을 문제 삼는 것은 정말 어리석은 일이다. 법치주의란 말도 너무나 많이 들어왔던 자유민주주의의 기본원칙이다. 법치는 인치에 대립되는 개념으로 법이라는 대원칙에 의해서 사회가 예측가능성을 전제로 운영됨으로써 국민의 자유와 권리는 보장하려는 이념을 말한다. 그런데 수많은 사람들을 살상했던 독재정권도 법치주의였다고 한다. 반민주적인 악법도 법이라는 점을 들어 절차대로 그 법을 집행하였다고 한다. 우리나라가 정말 법치주의 국가인가를 상상해 본다. 대통령이나 관료를 비롯해 권력을 누리고 있는 사람들 말고는 법이라는 말 앞에서 당당한 사람은 많지 않다.

우리나라의 전직 대통령들은 모두 국가폭력의 최고 책임자로서 주권의 기본에 해당하는 생존권을 요구하는 국민에게 실정법을 무기로 합법적(?)인 폭력을 행사하였다. 국민을 살상하는 폭력적인 정책이 다반사였다. 문제는 그러한 정책의 책임을 진 경우가 단 한 번도 없었다는 점이다. 물론 전두환·노태우 전 대통령은 임기를 마치고 난 이후에 감옥에 가기도 했다.

김영삼 정부는 1995년 11월에 5·18특별법의 제정을 지시하였고, 11월 30일에 '12·12 및 5·18사건 특별수사본부'를 발족시켰다. 1995년 12월 21일, 국회는 '5·18민주화운동 등에 관한 특별법'을 제정하고, 검찰은 전두환·노태우 전 대통령을 12·12반란혐의로 기소하고, 1996년 8월에 전두환·노태우 전 대통령에게 각각 사형과 징역 22년 6월의 징역형을 구형하였다. 검찰은 5·18특별법이 제정된 뒤 곧바로 재수사에 착수하여 12·12사건에 대한 '기소유예', 5·18에 대한 '공소권 없음' 결정을 번복하고 난 이후에 피고소·고발인 83명 중 핵심인사 16명을 군사반란·내란죄 등으로 기소하였다. 제1심 재판부는 1996년 8월 26일에 전두환·노태우 두 전직 대통령을 포함한 16명의 피고인들에 대하여 중형을 선고했다. 전두환 전 대통령에게는 사형이 선고되었다. 그러나 김영삼 정부는 국민대화합의 차원에서 두 전직 대통령을 사면하였다. 1997년 전두환 전 대통령은 무기징역으로 감형되었고, 1998년에 국민대화합의 차원에서 전두환·노태우 전 대통령은 사면되었던 것이다. 김영삼 전 대통령은 광주민주화운동에 대한 학살죄인을 사면시키는 권한까지 행사하였다. 대통령의 법적 권한이었다.

　이처럼 대통령이 만약 군주와 같다면 자유민주주의와 역행하는 대통령제를 없애거나 바꾸면 어떨까? 이 문제에 대한 대답은 역사적으로 매우 간단했다. 수많은 정치학자나 정치인들은 의원내각제나 이원집정부제를 도입하면 대통령제의 많은 문제점들을 해결할 수 있다고 하였다. 그러나 의원내각제나 이원집정부제도 국민주권을 실현시키지 못하고 국가 중심의 폭력적인 민주주의만을 실현한다면, 국민주권을 제대로 실현할 수 있는 정부형태를 상상할 필요가 있다. 국민주권을 보다 완벽하게 실현하기 위한 새로운 방안을 모색해 보자. 약간의 상상력을 가동시키면 기존 정부형태의 다양한 한계를 극복할 새로운 방안이 만들어질 수 있다.

　하나는 대통령제나 의원내각제를 유지시키는 방식의 대안이다. 어떠한 정부형태든 대통령과 수상의 막강한 권한 때문에 국민주권이 유린되곤 한다. 특히 대통령과 수상은 다양한 권한을 권력으로 사유화하는 순간에 국민의 종이 아니라 국민의 주인으로 존재한다. 국민을 지배하고 통제하는 대통령과 수상인 것이다. 진짜 국민을 섬기는 대통령과 수상은 권한을 가지지 않아도 된다.

　우리나라의 예이지만, 대통령은 권한이 없어도 국민을 위해 몸과 마음을 바쳐 봉사하는 정신으로 가득해야 한다. 대통령은 헌법에서 규정하고 있는 대통령 선서를 지키면 된다. "나는 헌법을 준수하고 국가를 보위하며 조국의 평화적 통일과 국민의 자유와 복리의 증진 및 민족문화의 창달에 노력하여 대통령으로서의 직책을 성실히 수행할 것을 국민 앞에 엄숙히 선서합니다." 대통령이 권한을 갖든 갖지 않든 국민을 위해 수행해야만 할 의무이다. 물론 많은 사람들은 권한을 갖지 않은 상태에서 어떻게 일을 할 수 있느냐고 반문한다. 그런데 국민은 권한이 없더라도 권위를 가지고 있는 지도자에게 자신의 권력을 제공하려 한다. 대통령이나 수상이 이러한 권위를 확보하면 된다. 따라서 대통령이나 수상이 법적인 권한 중에 핵심인 인사권과 예산권을 국민에게 돌릴 수 있다면, 그런 대통령제나 의원내각제도 하나의 대안인 것이다. 더욱이 임금이나 연금조차 받지 않고 무료로 봉사하는 정치인이 많을 때, 새로운 정치체제는 국민의 자기통치를 실현해 나갈 것이다. 국민이 부르주아 정치의 대리주의에 중독되어 있는 해독제를 바로 여기에서 찾을 수 있다.

또 다른 상상의 대안은 대통령제와 의원내각제를 폐지하는 대신에 집단합의제 정부형태를 도입하는 것이다. 집단합의제 정부형태는 대통령제나 의원내각제가 아닌 합의제로 단일한 사람에게 권력이 집중되지 않고 국민의 직접선거로 선출된 다양한 사람들에게 권력을 분산시켜 정부를 운영하게 하는 제도이다. 예를 들면, 국민의 직접선거로 선출된 주무부처 장관들이 집단적 합의를 통해 정부를 운영하게 하는 것이다. 물론 주무부처 장관에게 권한이 집중되는 것을 예방해야 하는 것은 당연한 과제이다. 주무부처 장관의 인사권과 예산권을 국민에게 돌려준 상태에서 정부를 운영하게 하면 된다. 주무부처의 인사권과 예산권을 입법부가 보유하든지 혹은 국민의 직접선거로 선출하여 구성하는 범국민인사위원회 및 범국민예산위원회가 보유하면 되는 것이다. 주무부처의 장관들이 인사권과 예산권이 없어서 국정을 수행하는 데 문제가 된다고 생각하지 않는다. 장관이 권한을 가지지 않는다고 국가가 망하진 않을 것이다. 권한이 없어서 국정을 수행하지 못한다거나 국가가 망한다고 생각하는 것은 집중된 권한을 권력으로 변화시켜 국민을 통치하려고만 하는 관료주의와 엘리트주의에 불과하다.

마지막 대안은 국민에게 헌법권력을 돌려줄 수 있는 권력구조이다. 부르주아 계급이 독점하고 있는 현행 3권분립으로는 국민의 헌법권력을 부활시키기가 쉽지 않다. 헌법은 행정·입법·사법을 대통령의 일원적 권력으로 집중시켜 주고 있고, 대통령은 언제든지 3권의 기능을 정지시킬 계엄선포권까지 가지고 있기 때문이다. 형식적으로는 3권분립이지만 실질적으로는 대통령의 통치권뿐이다. 입법부에는 대통령을 배출한 정당이 있고, 정부와 집권정당은 혼연일체가 되어 대통령의 통치정책에 복무한다. 대통령이 집권 정당의 실질적인 대표인 경우에는 말할 나위가 없다. 입법부가 국민주권이 아닌 대통령의 통치권을 실현하기 위해 존재하는 현상이 나타난다. 사법부도 마찬가지이다. 많은 사람들은 헌법기관인 사법부의 정치적 독립성을 강조하곤 한다. 그런데 사법부의 정치적 독립이란 실질적으로 존재하지 않는다. 사법부의 인사권과 예산권이 이미 대통령과 국회에 존재하는 이상, 사법부는 악법도 법이라는 사법의 진리를 내세우면서 국민의 실질적인 주권을 보장하기보다는 대통령과 국회의 의지를 실현하려 한다.

　따라서 상상의 대안도 3권분립에서 그 단초를 찾았다. 그것은 행정부와 사법부를 없애는 3권분립이다. 국가권력의 구조를 국민의 요구에 따라 법을 제정하고 개정하는 입법원, 국민의 안전한 생활에만 전념하는 생활안전원, 그리고 국가기관의 모든 권력을 국민이 통제할 수 있게 하는 권력통제원으로 분립하는 것이다. 그것은 소위 국민의 입법권, 생활안전권, 권력통제권을 실현하기에 적합한 3원합의제 정부형태이다. 3원합의제는 신3권을 입법원, 생활안전원, 권력통제원으로 속하게 하여 3원이 상호 합의체제 하에서 권력집행기구를 통일적으로 운영하게 하는 권력체제이다.

　국민에게 헌법권력은 멀리 있고 대통령의 권력은 가까이 있다. 현실의

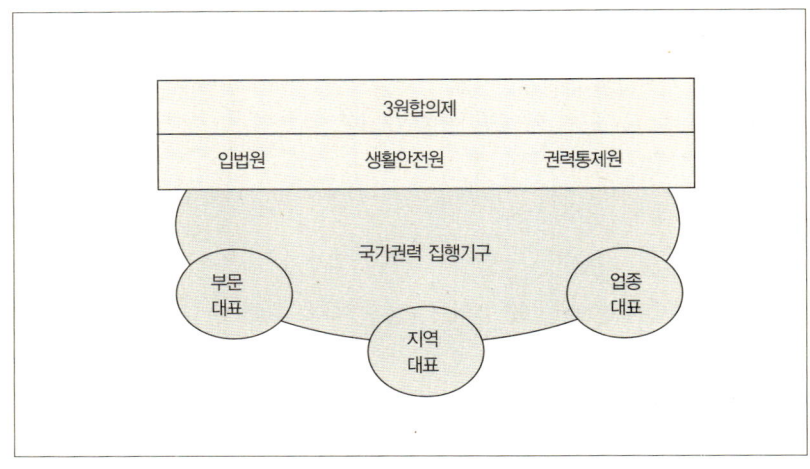

생활에서는 추상적인 헌법의 권력보다 구체적인 대통령의 권력이 작동한다. 대통령제는 헌법권력조차 대통령에게 부여한다. 국민의 헌법권력은 사라진다. 이 권력을 부활시킬 제도가 있다면 대통령제를 그 제도로 바꿔야 한다. 국민의 헌법권력은 곧 국민주권을 실현하는 수단으로 작동할 수 있기 때문이다. 그러나 실질적인 민주주의를 위한 3권분립이 사라진 상태이다. 대통령의 전제군주적인 통치권에 저항할 수 있는 힘은 오로지 국민주권뿐이다. 국가와 국민은 사회계약의 파기를 둘러싸고서 대립하게 된다. 국민은 사회계약을 파기한 국가를 새로운 국가로 대체할 수 있어야 한다. 국민이 사회계약의 내용과 형식을 바꾸는 것이다. 또한 국민은 국민주권을 실현시키기 위해 새로운 권력분립을 추구할 수 있어야 한다.

　국민의 입장에서 볼 때, 3권분립의 권력구조에서 행정부와 사법부가 국민주권을 실현하는 데 기여하지 못할 경우에 그것을 없애면 된다. 대통령의 권한이 축소된다고 해서 국가가 망하지 않듯이, 행정부와 사법부가 3권에서 없어진다고 국가가 망하지는 않는다. 행정부와 사법부 공무원들이 누려왔던 권한만 없어질 뿐이다. 새로운 국가권력의 구조는 곧 입법권, 생활안전권, 권력통제권을 실현시켜 나가는 국민의 신3권분립이다. 행정부는 생활안전원에 부속되고 사법부는 권력통제원의 한 기구로 존재한다. 국가권력의 신3권분립은 3원합의제 정부형태로 실현할 수 있다. 국민이 자신의 권력으로 자신을 통치하고 지배하는 권력구조이다.

　3원합의제 정부의 입법원은 우리나라 헌법 제40조처럼 입법권을 국회에 소속하게 하는 것이 아니라 부문·업종·지역을 중심으로 하는 국민의 실질적인 대표가 보유하게 하는 것이다. 입법원은 부문·업종·지역을 대표할 수 있는 수많은 조직과 기구로 구성된다. 입법원이 개인을 중심으로 구성되는 것이 아니라 국민의 조직을 중심으로 구성하는 것이다. 국민은 입법원을 구성하는 과정에서 자신의 주권을 실현시키기에 적합한 다양한 조직과 기구를 결정하면 된다. 그 규모는 3원합의제 정부를 보다 효과적으로 운용하는 차원에서 결정한다.

　생활안전원은 "요람에서 무덤까지"라는 말처럼 국민이 태어나서 죽을 때까지 안전하고 행복하게 생활할 수 있는 권력을 실현한다. 국민의 일상적인 생활과 직결되는 정부기구이다. 이 기구는 헌법에 몇 자로 보장하고 있는 권리가 아니라 실질적으로 힘을 발휘할 수 있는 권력이어야 한다. 신3권분립 하에서는 대통령제가 필요 없게 된다. 정부형태를 3원합의제로 하면 되기 때문이다. 루소의 말에 따르면 "정부를 수립하는 행위는 계약이 아니라 국민의 법이다. 왕이나 집정관은 국민의 종복에 불과하다. 세습군주제나 귀족제에 있어서까지도 국민은 항상 정부형태나 정부관리를 변경시키는 권리를 가지고 있다. 국가가 국민주권을 찬탈하는 것에 대한 예방법은 정기적으로 국민이 국가를 관리하고 통제하는 것이다. 국민은 현재 권리를 위임받고 있는 자들에게 계속 권리를 맡겨야 하는가에 대해 공개적으로 투표에 회부함으로써 그 여부를 결정해야 한다. 취소할 수 없는 법이란 없기 때문에 주권이 정부형태를 변경하는 것은 완전히 합법적인 것이다. 비록 사회계약이라 할지라도 의회에서 그 종결을 신중하게 결정만 한다면 그것을 해체시킬 수 있다."

권력통제권은 입법원이나 생활안전원이 또 다른 관료들의 권력으로 변질될 수 있는 상황을 미연에 예방할 수 있는 권력이다. 국민이 권력의 종복이 아니라 주인으로 살아갈 수 있게 하는 권력체이다. 권력통제원은 또한 부문·업종·지역을 대표할 수 있는 수많은 조직과 기구의 관료화도 방지해야 한다. 민주주의가 발전할수록 선거정치 이 외의 정치활동이 활발해지면서 국민과 조직 간의 갈등도 강화된다. 국가 및 조직을 중심으로 하는 민주주의와 밑으로부터의 국민을 중심으로 하는 민주주의 간의 충돌이 발생하는 것이다. 이러한 현상은 서로 간의 갈등과 대립을 넘어서서 민주주의를 강화시킬 수도 있다. 그 반대의 현상도 나타날 수 있다. 국가와 조직의 관료화가 가속화될 수도 있다. 그래서 권력통제원은 제반 국가기구를 국민이 관리하고 통제할 수 있는 법과 제도를 지속적으로 구축해 나가야 한다. 주요한 수단은 국가권력, 다양한 조직과 기구, 그리고 그러한 공간에서 일하는 사람들을 직접투표로 평가하는 것이다. 국민이 권력의 주체로 존재한다. 관료들은 그저 국민의 종복으로 남아 있다. 관료들마저 필요 없으면 관료제도 폐기할 수 있다.

그리고 3원합의제 정부는 입법원, 생활안전원, 권력통제원 간의 합의를 전제로 국민주권을 실현한다. 이러한 3원합의제 정부 역시 장단점을 가지고 있다. 합의가 쉽게 이루어지는 경우에는 큰 문제가 아니다. 다만 합의가 이루어지지 않을 경우 국가정책의 수립과 집행이 상당히 지연될 수 있다. 이를 방지할 수 있는 방안은 국가정책의 권한을 국가권력의 집행기구에 참여하고 있는 부문·업종·지역의 대표기구에 이관하는 것이다. 가장 이상적인 대안은 국민이 생활 속에서 권력을 직접 보유하고 관리할 수 있는 권력분산체계이기 때문이다. 이는 부문·지역·업종 등이 직접 권력을 보유한 상태에서 스스로가 스스로를 통치할 수 있는 권력체계를 의미한다.

문제는 이상적 권력체계로 이행하는 과정에서 권력통제원을 누가 어떻게 통제하고 관리하느냐이다. 사회를 구성하고 있는 부문별 대표제, 지역별 대표체, 그리고 업종별 대표체 등이 국가권력의 집행기구에 참여하면서 그러한 권력체들을 통제하고 관리해야 한다. 우선 3원의 산하에는 국정을 운영할 집행부서를 새롭게 만든다. 부문대표기구나 업종대표기구 및 지역대표기구들은 권력집행기구에 참여한다. 국민주권을 실현해 나가는 국가정책의 유기적인 통일성을 강화시키는 체계이다. 이러한 체계에서는 권력의 형성 및 집행과 감시가 매우 민주적으로 이루어질 것이다.

직접민주주의와 국민주권

국민주권은 국가권력의 원천?

국민은 제반 권리를 누릴 수 있는 주권자로서 모든 국가권력의 원천으로 간주된다. 헌법에서 보장하고 있는 국민의 권력이다. 국민주권의 원리이다. 하지만 국가는 국민에게 권력을 인정하지 않는다. 국가는 국민에게 국가권력에 순응할 것을 요구한다. 그 수단은 국가만이 합법적으로 독점하고 있는 공공적 물리력이다. 국민은 국가정책에 저항하는 순간부터 국가의 공공적 물리력과 싸워야 한다. 국가는 국민을 그저 민원인으로 취급한다.

국가는 국민주권을 국가주권으로 둔갑시킨다. 국가가 국민주권을 선택하고 선별하는 것이다. 국가는 자신의 의도와 합치되는 주권에 대해서만 전체 국민의 이름으로 보호한다. 이러한 국민주권 선별전략은 종종 국가주의로 표상된다. 국가의 이익이 곧 전체 국민의 이익인 양 국가정책에 반대하는 국민은 반국가적인 세력으로 전락한다. 국가가 권력의 원천인 국민으로부터 권력을 빼앗아 버린다. 국민에게 권리보다 의무를 보다 많이 부여하거나 권리를 부여하더라도 수많은 제약조건을 덧붙인다.

국가는 두 가지 방식으로 국민주권을 침해한다. 하나는 반국가적이고 반정부적인 국민에게 국가폭력을 직접 행사하는 방식이다. 물론 국가 스스로 폭력을 행사한다고 말하지 않는다. 국가는 스스로 국가정책에 찬성하는 국민과 반대하는 국민을 서로 조정하는 공공선의 주체라고 자임한다. 하지만 국가는 항상 자신의 정책에 찬성하는 국민의 편에서 조정하려 한다. 국가권력의 지지기반을 확실하게 구축하는 과정이자 국가권력을 지속적으로 재생산하기 위해 전략적으로 선택하는 과정인 것이다. 그래서 국민은 국가에 순응하여 국가폭력으로부터 벗어나든지 아니면 국가폭력 앞에서 희생되든지 두 가지 가운데 하나를 선택해야만 한다.

국가폭력은 다양한 현상으로 그 실체를 드러낸다. 국가폭력 앞에서 인간의 육체와 정신은 온데간데없이 사라진다. 국가폭력의 대표적인 현상은 테러·집단학살·구속·구금·고문·사상탄압·협박·감시·공권력 침탈·비인간적 처우 등이다. 물론 국가가 항상 국가폭력을 행사하는 것은 아니다. 국민이 국민주권을 국가에 완전히 이양하면 국가는 국가폭력을 모든 국민에게 결코 사용하지 않는다. 국가정책에 반대하면서 자신의 주권을 스스로 실현하려는 국민에게만 국가폭력이 가해진다. 국가에 순응하고 동조하는 국민만이 국가의 보호를 받는다. 국가가 국민을 지배하는 주요한 수단이다. 다음 〈그림〉과 같이 국가가 직·간접적으로 행사하는 국가폭력을 주체, 수단, 현상을 도식적으로 구조화할 수 있다.

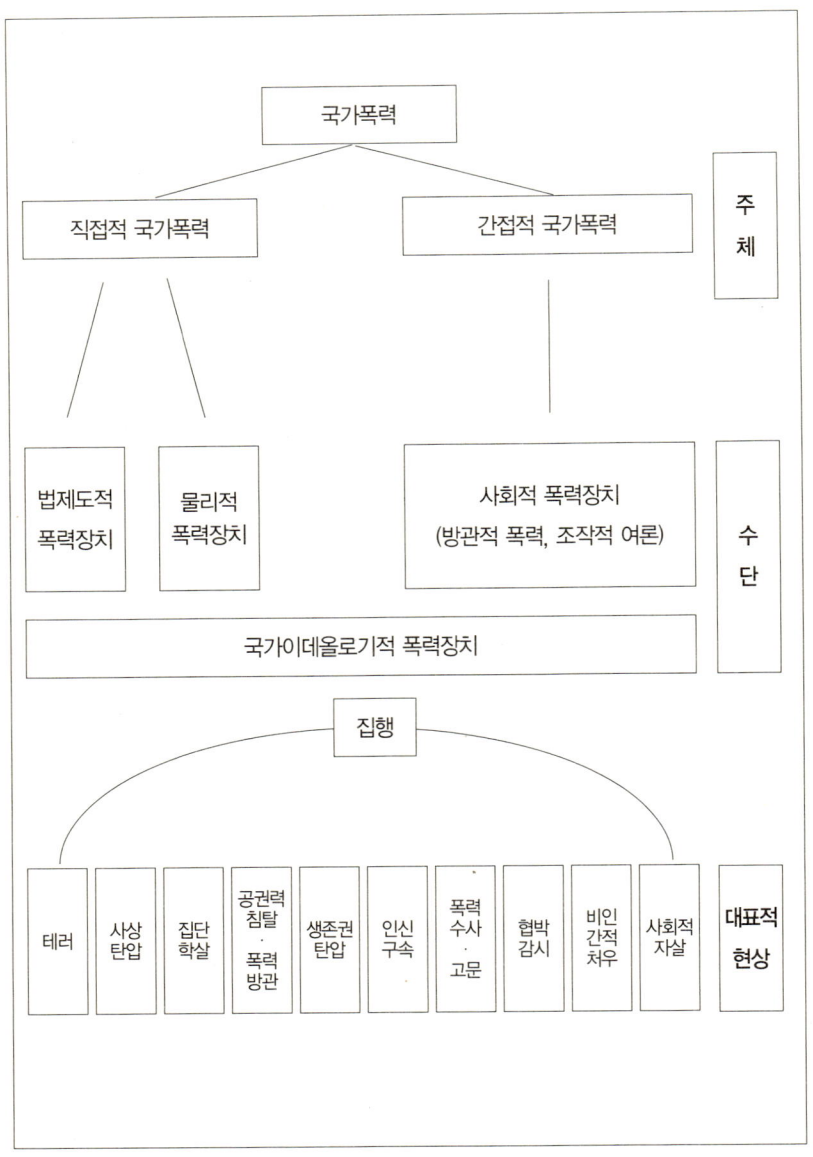

〈그림〉에서 알 수 있듯이, 국가폭력은 일반적으로 세 가지 요소가 유기적으로 작동한다. 국가폭력의 주체들은 다양한 수단을 동원하여 국민에게 폭력을 행사한다. 문제는 이러한 국가폭력의 대상이 국가권력에 순응하지 않는 국민이라는 점이다. 국민은 저항적 폭력수단을 동원하지 않는 한 국가폭력 앞에서 자신의 주권을 포기해야 한다. 국민이 국가폭력으로부터 살아남을 수 있는 방법은 간단하다. 자신의 국민주권을 포기하든지 아니면 자신의 주권을 국가의 의도와 합치하면 된다. 또 다른 방법은 국가정책에 방관하면서 살아가는 것이다.

국민주권을 침해하는 또 다른 방식은 국민의 권리를 제한하는 것이다. 국민주권은 기본적으로 국가의 정책까지 직접 결정하는 과정에서 실현된다. 특히 자신의 생활에 중대한 영향을 미치는 국가정책일수록 더욱 그러하다. 국민은 국가 간에 법이나 조약을 체결하는 문제, 국민의 생활에 영향을 미치는 교육정책, 주택정책, 세금정책 등을 직접 결정할 수 있다. 국회에서 만들어진 법에 대해서도 국민이 요구하면 국민투표로 다시 결정할 수 있어야 한다. 그런데 국가는 정책수립의 효율성을 내세워 국민에게 정책결정권을 허용하지 않는다. 국가는 법치주의를 무시하는 비민주적 발상이라는 이유를 내세운다. 국가의 관료들과 정치엘리트들이 다 알아서 결정하니까 걱정하지 말라고 한다. 물론 그들은 정책을 결정하면 그만이다. 대부분 정책의 실패에 대한 책임을 지지 않는다. 정책에 대한 감사도 그들끼리 하고 만다. 서로가 필요성을 느껴야만 감사결과를 국민에게 공개한다. 국가권력의 지배 네트워크가 작동하는 것이다. 특히 대통령제는 최고권력자인 대통령의 의도를 중심으로 그 네트워크가 작동한다.

마지막으로 국가는 국민에게 선택을 강요하는 수동적 투표권리만을 부여하면서 국민주권을 제한한다. 국민은 선거를 할 때마다 주권을 실현하는 것으로 이해한다. 그런데 그 투표권리도 '자신의 정치적 권리를 자신만이 행사할 수 있다' 는 개별적인 선택에 머물러 있다. 국민의 그러한 권리조차 기표소에서 은밀하게 행사한다. 국가는 기표소 권리를 비밀투표라는 것으로 정당화한다. 하지만 기표소 투표는 "외부로부터의 고립현상"이라고 말한다. 이는 사방이 꽉 막힌 기표소에서 혼자 고립되어 투표하는 것을 의미한다. 고립되어 있다는 의식을 느끼는 순간 투표는 정상적으로 이루어지기가 쉽지 않다. 그런데도 국민은 외부로부터 고립된 상태에서 권리를 행사하면 그만이다.

감사와 평가를 넘어 정책을 생산하는 국민주권!

국민은 투표에 매우 익숙하다. 정치하면 선거를 떠올리는 국민이 대다수일 정도이다. 국민은 강요된 권리만이라도 최대한 누리고 싶어 한다. 이 권리의 영역과 대상이 상상하기 힘들 정도로 대폭 확장되어야 한다. 국가는 투표권리를 중심으로 하는 국민의 직접민주주의를 두려워하기 때문이다. 국민은 그저 권리를 위임하고 난 이후에 국가에서 요구하는 권리행사 방식에 수동적으로 참여하면 그만인 것이다. 그래서 국민은 국민주권을 실현하고자 하는 최후의 만찬이라도 스스로 만들어 보겠다는 의지로 투표권리의 영역과 대상을 확장할 필요가 있다. 국가가 국민에게 투표권리를 인정하고 있는 이상 국민이 선출할 수 있는 영역과 대상이 많으면 많을수록 국민의 직접민주주의는 강화될 것이다. 국민의 정치의식도 투표권리를 행사하지 않는 것에 비해 상대적으로 높아질 것이다.

국민의 선거권리는 헌법에서 보장하고 있다. 교육감을 직접선거로 선출하는 것도 헌법상의 권리를 실현하는 제도이다. 시·도 교육감을 주민들이 직접투표로 선출하는 이유도 선거권리의 확장이다. 국민의 직접투표로 선출되는 대상을 확장하는 것도 헌법상의 권리를 실현할 수 있도록 법과 제도를 만들면 된다. 행정부 주무부처의 장관을 국민이 직접 선출하는 것은 국민의 주권을 실질적으로 실현하는 과정에 불과하다. 교육감도 직접선거로 선출하는데 주무부처의 장관을 국민의 직접선거로 선출하지 못할 이유가 없다. 국민의 생활에 영향을 미치는 국가정책을 행정부가 집행하고 필요 시 법까지 제정하는 주무부처 장관을 국민이 직접 선출할 때 대통령의 인사권한도 축소되어 대통령제에서 발생하는 대통령의 권력비대화 문제까지 동시에 해결이 가능하다.

그렇지만 국민은 투표권리를 이용하여 직접민주주의의 영역과 대상을 확장시키는 것만으로 국민주권을 실현하기가 쉽지 않다. 국민의 직접선거로 선출된 대표자들이 또다시 국가권력의 지배자로 군림하면 그만이다. 대표자들끼리 연합하여 국민주권을 무력화할 수 있는 정책을 수립할 수도 있다. 북유럽에서 연방협의회로 운영하는 합의제 정부형태에서 곧잘 나타나는 현상이다. 국민이 아무리 직접민주주의 방식의 투표권리를 확장한들 국민주권이 완전히 실현되지 않는다. 국민이 자신의 대표자들을 직접 감사하고 평가할 수 있어야 한다. 국가권력의 구조와 성격이 국민주권을 실현하는 것으로 변화되지 않는 한 국민주권의 대표자들은 종종 관료로 변화되기 십상이다. 국민의 공복은 어느 순간부터 국민의 주인으로 변한다.

국가정책을 둘러싸고서 계급·계층 간, 혹은 지역·세대 간의 갈등은 상존한다. 혜택을 보는 국민과 그렇지 못한 국민이 있게 마련이다. 혜택을 보지 못하는 국민은 당연히 국가를 상대로 저항하게 된다. 국가정책은 국민의 일상생활에 직·간접으로 영향을 미치기 때문이다. 그런데 국가정책은 국가권력 내부의 주체들 간에 감사되고 평가된다. 대표적인 주체는 법률을 만든 국회다. 국회가 국민의 직접선거로 구성된다는 헌법상의 근거 때문이다. 국회의원이 국가정책을 어떻게 평가하고 감사하든 국민은 자신의 대표자들에게 의존해야만 한다. 국가정책이 실패하여 국민의 세금을 엄청나게 낭비했다 하더라도 현존하는 법률만 위반하지 않았다면 책임을 지지 않는다. 국민의 직접선거로 선출된 대통령은 거의 대부분 감사와 평가를 아예 받지 않는다. 물론 정치세력들은 대통령에 대한 중간평가를 제기하곤 한다. 제도화된 평가제도가 아니라 정치적으로 제기하는 것에 불과하다. 대통령이나 국회의원은 차기 선거에서 유권자들에 의해 평가될 뿐이다. 이처럼 국민은 자신의 대표자들이나 국가정책을 일상적으로 감사하고 평가할 권리가 아예 없다.

우리나라 국회는 국가정책에 대한 국정조사권과 국정감사권을 가지고 있다. 국정조사는 국민에게 악영향을 미치는 특정한 사건을 국회 차원에서 조사하여 평가하고, 국정감사는 매년 정부의 정책을 국회 차원에서 총체적으로 평가하고 감사한다. 국회는 이러한 조사나 감사를 통해 국가정책의 문제점들을 밝히고 그것에 대한 대안도 제시한다. 그렇지만 국정조사든 국정감사든 대부분 국민에게 악영향을 끼친 국가정책의 책임을 묻기가 쉽지 않다. 조사와 감사에 필요한 자료의 권력이 국가에게 있기 때문이다. 국가권력은 법률의 틀 내에서 매우 형식적인 자료만을 제출한다.

또한 우리나라 국회의원들은 너무나 많은 국가기관을 아주 짧은 시간에 감사한다. 우리나라 국회는 2004년부터 2007년까지 피감기관 당 평균 4시간 미만의 감사를 하였다. 2007년의 경우에는 2시간 33분에 불과하다. 국가기관의 1년 정책을 4시간 안에 감사하고 시정조치까지 제출하는 우리나라 국회의원들은 매우 뛰어난 사람들임에 틀림없다. 국회의원의 보좌진들이 사전에 정책과 관련된 자료를 요청하여 분석·평가해서 감사한다고 하지만, 물론 피감기관에서 제출되는 자료들이 매우 형식적이고 피감기관의 입장에 맞게 걸러졌다는 점을 국회의원들도 잘 알고 있다. 국정감사가 그저 형식적이고 의례적인 수준을 넘지 못하고 있다는 것도 마찬가지이다. 그런데 국회나 국회의원은 형식적인 국정감사의 문제가 여론의 도마에 오를 경우 시간과 인력이 부족하다는 말밖에 하지 않는다. 국회의원들의 이러한 불만을 해결할 수 있는 대안이 있다. 국회의원의 수가 적어서 수많은 피감기관을 조사하기 어려운 문제는 간단하게 해결된다. 국민이 직접 국가정책과 피감기관의 정책을 감사하면 된다. 예를 들면, 국민이 직접 국정감사위원들을 선출하고 그들에게 1년 내내 국가정책을 감사할 권한을 부여하면 된다. 대신에 국회의원들은 법을 제정하거나 개정하는 본연의 임무를 충실하게 이행하면 그만이다. 시간이 부족한 국회의원들에 국정감사의 짐을 덜어주는 방안이다. 본질적으로는 국민이 직접 국가정책을 감사하고 평가하면서 스스로 국민주권을 실현하게 하는 방안이다.

국가는 본질적으로 대한민국이라는 국민의 삶의 기반과 존재공간을 유지하려 한다. 국민 간에 갈등을 약화시키는 것 또한 국가의 역할이기도 하다. 지배체제를 위협하는 요소 또한 제거해야만 하는 역할도 담당한다. 국가는 가장 쉬운 방법으로 그 역할을 담당하려 한다. 국가주의를 동원하거나 전쟁발발의 가능성으로 국민을 위협하는 것이다. 그 중심에 관료들이 있다. 국가권력이 보다 효과적으로 그 기능을 발휘하기 위해서는 관료들의 중심적인 역할이 필요하다. 이것은 국민주권을 실현하는 데 최대 장해요인으로 작용한다. 관료들은 국민의 일상생활에 침투하여 자신의 욕망을 실현하기 위해 억압적·이데올로기적 국가장치를 이용한다. 관료들이 드러내지 않는 두려움과 욕망의 진원지인 것이다. 국가권력 및 지배체제의 위기는 곧 자신의 존재기반에 대한 위기이기 때문이다. 관료들이 국민에게 국가주의를 강요하는 근거이기도 하다. 그런데 국가주의의 힘은 형식적으로는 법과 제도를 반영하고 있는 정책으로 현실화된다. 물론 관료들은 국가공무원법 제1조(목적)를 위해 존재한다. "각급 기관에서 근무하는 모든 국가공무원에게 … 국민 전체의 봉사자로서 행정의 민주적이며 능률적인 운영을 기하게 하는 것을 목적으로 한다"고 규정하고 있는 것처럼 국가공무원은 국민을 위한 봉사자이다. 대통령이나 장·차관도 그렇고 경력직이든 특수경력직이든 국민의 세금으로 월급을 받으면서 생활하는 어떠한 공무원도 예외가 될 수 없다.

그런데 국가권력의 관료들은 그 누구로부터도 업무에 대해 평가받지 않는다. 국회는 물론 업무보고나 국정감사의 과정에서 관료들을 평가한다. 그 평가는 정책에 대한 평가이지 관료 개개인에 대한 평가가 아니다. 관료들은 법률을 위반하지 않는 한 평가와 감사의 대상이 되지 않는다. 관료들이 법률의 틀 내에서 국민주권을 침탈한다 하더라도 그 책임을 지지 않는다. 대통령도 마찬가지이다. 아무리 국민의 직접선거로 선출된 대통령이라 할지라도 국민의 평가와 감사를 수시로 받아야 한다.

그 대안은 아주 많다. 대통령이나 관료 및 국회의원을 평가하고 감사할 수 있는 국민평가위원회나 위원들을 국민이 직접선거로 선출하면 된다. 평가내용과 평가기준도 역시 국가권력을 배제한 상태에서 국민이 직접 만들어야 한다. 대통령이나 관료 및 국회의원이 국민의 일상적 평가제도나 감사제도를 거부한다면 국민이 대통령이나 국회의원에게 위임했던 자신의 권리를 철회시킬 수 있어야 한다. 그것은 바로 '권리소환제도'와 '권리철회제도'이다. 직접선거로 선출한 대표들이 일을 열심히 하도록 하는 제도이다. 국민 스스로 자신의 권리를 평가하고 감사하는 제도이다.

반면 이 제도가 악용될 수도 있다. 특정한 세력이 유권자를 선동하여 근거가 없는데도 대통령이나 국회의원을 소환하는 일이 범람할 수 있다. 이것 때문에 권리소환제도나 권리철회제도를 도입해선 안 된다고 하면 이는 구더기가 무서워 장을 담그지 못하는 경우와 똑같다. 국민주권이 제대로 실현될 수 있는 제도를 모색하는 것이 우선이지 앞으로 발생할지 발생하지 않을지 정확히 알 수 없는 문제 때문에 국민주권을 짓밟아선 안 된다.

국가권력은 노동조합의 총회 민주주의에서 민주주의를 다시 배워야 한다. 노동조합의 위원장도 선거를 거쳐 조합원의 권리를 위임받아 자본의 권력에 대항할 수 있는 노동의 권력을 보유한다. 노동조합의 기본적인 임무 중에 하나가 회사와 임금교섭이나 단체교섭에서 조합원들의 다양한 권리들을 확보하는 것이다. 노동조합 위원장이 조합원의 이익에 반하는 직권조인을 하지 않는 이상, 임금교섭과 단체교섭의 최종 결과는 위원장이 결정하지 않고 조합원들의 인준투표를 거쳐서 통과되어야만 효력을 발휘한다. 조합원들이 인준투표에서 부결할 경우에 노동조합 위원장은 임기가 보장되었음에도 불구하고 곧바로 사퇴하고 조합원들은 위원장을 새롭게 선출한다. 대통령이나 관료만이 아니라 국회의원들도 배워야만 할 총회 민주주의가 아닌가? 선거에서 선출되었다는 이유로 국민의 평가에서 자유로운 사람들은 국민주권을 개인적으로 사유화하려 한다.

그런데 국민이 직접 국가정책을 감사하는 것보다 더 중요한 것은 국가정책을 국민이 직접 수립할 수 있어야 한다는 점이다. 정부는 정책을 결정하고 난 이후에 그 정책의 문제점들이 드러나도 쉽게 폐기하지 않는다. 관료들은 정책을 매개로 형성된 권력을 지속적으로 강화시키려는 경향성을 가지고 있기 때문이다. 관료를 중심으로 한 국가권력 강화현상이 나타난다. 국민은 이러한 현상을 방지할 수 있다. 국민이 정책을 직접 수립하고 관료들을 통제하면 된다. 소위 국가정책국민평의회와 같은 기구가 그러한 역할을 할 수 있게 하면 되는 것이다. 그 중심에 공무원 노동자들이 설 수 있다. 공무원 노동자들이 국민과 함께 국가정책을 수립할 권리를 확보하는 것이다. 헌법상 공무원은 노동의 이중적인 속성을 보유하고 있다. 하나는 국가권력의 집행자인 공무원이 권한을 내세워 국민을 통치하는 속성이고, 다른 하나는 국가권력의 내부 공간에서 국민주권의 실현을 위해 국가권력을 민주적으로 변화시키는 속성이다.

지금까지 우리나라 공무원들은 국가와 국민 사이에서 샌드위치가 된 상황이었다. 국가권력의 하수인이기도 하였고, 국민을 지배하는 권력이기도 했다. 그러다 보니 국민으로부터도 백안시되었다. 공무원들은 역사적으로 핫바지 저고리, 하수인, 복지부동이라는 오명을 받아야만 했다. 고위 공무원들의 부패는 당연시되었다. 보고 배우는 것은 국민을 지배하면서 부패를 저지르는 것이었다. 국가권력의 집행관들이 국민을 지배하는 세력으로 변해 버렸다.

국민은 자신의 권리를 권력화하여 국민을 통치하거나 지배하려는 공무원 관료들을 언제든지 해고할 수 있어야 한다. 또한 관료추천제를 확보하여 국민주권의 실현을 위해 봉사할 수 있는 사람도 관료로 임명할 수 있어야 한다. 이러한 권한을 국민이 가지는 것이다. 이것은 국가의 주인인 국민의 기본적 권리이다. 또한 공무원 노동자들도 국민의 자격으로 국가의 주인이 될 수 있다. 주인이 직장을 좌지우지하지 못한다면 그 자격이 없다. 따라서 공무원 노동자들은 헌법 제7조대로 국민 전체를 위해 국가권력과 싸워야 할 것이다. "① 공무원은 국민 전체에 대한 봉사자이며 국민에 대하여 책임을 진다. ② 공무원의 신분과 정치적 중립성은 법률이 정하는 바에 의하여 보장된다." 공무원 노동자들이 국민에게 양질의 공공서비스를 제공하기는커녕 국민을 무시하거나 지배하려는 국가권력과 투쟁해야만 할 헌법상의 권리이다.

선거는 민주주의의 꽃이다. 자유민주주의 체제의 선거는 생화가 아니라 조화다. 1인 1표제나 1인 2표제는 평등을 가장한다. 과반수 의사결정은 민주주의의 함정이다. 기성세대들은 청소년·소녀들의 권리를 억압하고 있다. 만 40세 이상이어야 대통령 후보로 나설 수 있다는 역사적 근거는 없었다. 만 15세 청소년·소녀들이 선거권과 피선거권을 갖지 않을 이유가 없다. 국민은 일상생활에서 민주주의의 꽃향기를 맡아야 한다. 이것이 상상 혁명이다.

상상혁명 3_ 선거

1인 1표제와 민주주의

1인 1표제가 민주주의?

자유민주주의는 개인의 자유와 평등을 강조하면서도 평등에 대해서만큼은 조심스럽게 접근한다. 자유와 평등의 숭고한 가치를 인정하면서도 평등을 더 많이 강조하는 사람들은 자유를 배격하는 세력으로 낙인을 찍는다. 평등사상은 자유민주주의 체제를 부정하는 불순한 것으로 치부한다. 차등투표제나 선호투표제를 도입하자고 하면 그것은 1인 1표 방식의 정치적 평등권을 침해한다고 하면서 거부한다. 자신의 선택과 결정에 대해 책임감을 높이는 차원에서 기명투표제를 하자고 하면 비밀투표의 원칙에서 벗어난다고 한다. 정치적 행위에 대한 책임을 개인으로 한정한다. 투표는 개인의 신성한 의식행위일 뿐이다. 집단화되거나 계급화되는 것 자체가 절대적 평등에 위배된다. 이는 평등에 대한 자유민주주의의 이중잣대이다.

자유민주주의는 억압적이었고 차별적이었던 절대군주제를 무너뜨리고 법치주의라는 근대 시민사회를 건설한 근대 시민들의 이념이다. 그런데 자유민주주의는 인간의 개별적 능력의 차이를 내세워 불평등을 정당화한다. 또한 자유민주주의는 사회적 안정과 통합의 필요성 때문에 개별적 차이를 무시하거나 거부하는 절대적 평등을 내세운다. 자유민주주의는 사회경제적인 측면에서는 상대적인 평등과 절대적인 불평등을 강조한다. 그런데 정치적인 측면에서는 상대적인 평등이 아니라 절대적인 평등만을 강조한다. 자유민주주의 정치는 평등의 상대성과 절대성을 적절하게 이용하면서 사회의 불평등 구조를 강화해 왔다. 주요한 수단은 바로 1인 1표 방식의 선거제도였다.

우리나라는 1948년 이후 약 50년 이상 1인 1표제 방식의 선거제도를 고수하였다. 민주노동당 창당준비위원회 등이 1인 1표제 방식의 선거제도에 대해 위헌소송을 하였다. 청구소송의 핵심적 이유는 투표인의 의지가 정확하게 반영되는 제도를 도입해야 한다는 것이었다. 선거인이 특정한 정당을 지지하지 않았는데도 자신의 권력을 비례대표 국회의원에게 위임해야 한다. 지역구 후보에 대한 투표결과에 따라 비례대표 의석을 배분하는 것은 직접선거의 원칙 등에 위배될 수 있다. 헌법재판소는 2001년 7월에 1인 1표제로 비례대표 국회의원을 배정하는 선거제도가 국민의 선택권을 왜곡할 수 있다는 이유를 들어 위헌이라고 판시하였다. 헌법재판소가 이렇게 결정한 이유와 기준은 간단하다. 유권자의 선택권이 박탈당하지 않고 직접선거의 원칙을 살려내면서 유권자의 의사에 반하여 투표가치를 불평등하게 해서는 안 된다는 것이다.

첫째로는 비례대표 국회의원도 국민이 직접 선출할 수 있어야 한다.

정당은 비례대표 국회의원 후보의 명부를 제출하고, 국민은 명부를 제출한 정당 중에서 하나의 정당을 선택할 수 있게 되었다. 대의제도 하에서 최소한 대표자를 국민이 직접 선출해야 한다는 자유민주주의의 기본원칙이 부활되었다. 둘째로는 실질적인 평등선거의 원칙에 위배된다. 정당에 소속된 지역구 후보를 지지한 투표권은 비례대표 국회의원을 선출하는 데 기여할 수 있다. 하지만 어느 정당에도 소속하지 않은 무소속 후보를 지지한 투표권은 비례대표 국회의원의 선출과 무관하게 된다. 투표권의 가치에 있어서 불평등이 발생하게 된다는 것이었다. 셋째로는 거대 정당의 권력독점을 고착화한다는 것이다. 지역구 후보에 대한 지지율이 곧 비례대표 국회의원을 선출하는 비율로 결정되는 만큼, 1인 1표제 방식의 선거제도는 신생 정당에 대한 국민의 실질적인 지지도를 제대로 반영할 수 없게 된다. 기존의 거대 정당은 국민의 실제 지지도를 초과하여 비례대표 국회의원의 의석을 분배받을 수 있다. 국민의 지지도와 무관하게 거대 정당이 국민의 대표성을 확보하게 되는 선거제도의 역설이 존재한다.

헌법재판소는 이처럼 1인 1표제가 위헌이라며 1인 2표제 방식으로 비례대표 의석을 배분해야 한다고 결정하였다. 국민은 50년 이상 1표만의 권리를 행사해 왔던 선거제도의 변화로 적지 않은 혼란을 겪었다. 1표가 아니라 2표도 행사할 수 있다는 선거제도 자체부터 너무나 낯설었다. 헌법재판소의 결정은 우리나라 선거제도를 개혁하고 변화시키는 디딤돌임에 틀림없다. 우리나라 국민은 2004년 국회의원 선거부터 1인 2표제 방식으로 투표권을 행사하고 있다.

그러나 현행과 같은 방식의 1인 2표제도 국민의 다양한 선택권을 제한하고 있다. 바뀐 1인 2표제도 한 표는 지역구 후보자들 중에 한 사람을 선택하고 다른 한 표는 여러 정당 중에서 하나의 정당만을 선택하게 하고 있다. 국민은 실질적으로 여전히 입법부를 구성하는 방식에 따라 1인 1표의 투표권만을 행사하고 있다. 입법부가 지역구 후보와 비례대표 후보로 구성되고 있기 때문이다. 물론 입법부를 구성하는 방식이 변한다면 선거제도도 바뀔 것이다. 만약 입법부가 지역구별·업종별·계층별·계급별·연령별로 구성된다면, 국민은 1인 5표제 방식으로 투표권을 행사해야 한다. 1인 1표제나 1인 2표제가 곧 민주주의의 전형이 아닐 수 있다. 따라서 1인 2표 방식의 선거제도는 진정한 국민주권을 실현하는 데 적지 않은 문제점들을 가지고 있다.

먼저 국민에게 선택의 자유를 제한하고 있다. 1인 1표제든 1인 2표제든 국민에게 하나만 선택할 것을 강요하는 제도이다. 국민에게 선택의 자유가 많으면 많을수록 자유의지를 실현할 기회는 많아진다. 자유민주주의 체제는 개인의 자유의지를 절대적으로 보장하는 체제인 만큼 선거제도에서도 국민에게 선택의 자유의지를 보장해야 한다. 정치활동의 형식만 다당제 방식의 다원주의이지 내용은 하나의 정당만을 강요한다. 자유민주주의 체제의 다원주의 기본이념을 위반하는 것이다.

그리고 단순 평등화의 오류가 발생한다. 선거의 권리가 1인 1표제나 1인 2표제 방식의 제도적 평등성으로 강요되는 순간 단순화의 오류가 발생한다. 대통령 후보든 국회의원 후보든 정당에서 추구하는 정책을 공약으로 제출한 상태에서 선거운동을 한다. 선거는 사람을 선택하기도 하지만 실질적으로는 정책을 선택하는 과정이다. 국민은 공약을 보고 난 이후에 후보자나 정당을 쉽게 선택하지 못한다. 이유는 간단하다. 연령별로 직업별로 정책에 반영되어 있는 이해관계가 서로 다르다. 어떤 정책은 이 정당이 좋고 또 어떤 정책은 다른 정당이 좋을 수 있다. 그런데 국민은 1표의 권리만을 행사한다. 반드시 하나의 정당만을 선택해야 하는 것이다. 사람을 선택할 때도 마찬가지이다. 예를 들면, 여러 후보들 중에서 찍고 싶은 사람이 두 사람일 수 있다. 아니 세 사람을 선택할 수도 있다. 꼭 한 사람만을 선택해야 하는 단순 평등제도의 폭력 앞에서 국민은 자신의 권리를 일부 포기해야 한다.

마지막으로 국민의 정치의식 고양에 걸림돌로 작용한다. 국민에게 선택의 자유를 많이 주어야 하는 또 다른 이유도 있다. 선택의 폭이 넓어질수록 정치의식의 단순 평등화를 넘어서서 국민 스스로 정치적 주체로 나설 정도의 정치의식이 고양되는 학교가 만들어진다. 우리나라 정치의 주요한 특징 중에 하나가 지역주의 투표행태이다. 정당들은 국민에게 지역주의를 조장하고 국민은 지역주의 투표를 한다. 우리나라 정당이 전국적으로 뿌리를 내리지 못하는 주요 원인으로 지적된다. 이러한 병폐는 선거제도를 변화시키는 과정에서 고착되었다.

예를 들어, 하나의 지역구에서 하나의 정당이나 한 후보만을 지지하게 하는 소선거구제와 1인 1표제가 주요한 원인인 것이다. 국민이 여러 후보나 여러 정당을 선택한다면 지역주의 병폐는 치료될 것이다. 이 과정은 곧 국민의 정치의식이 고양되는 과정이기도 하다. 정치세력이 국민의 정치의식의 고양을 두려워하는 것이 아니라면 민주주의의 정치적 토대가 될 1인 다표제를 자연스럽게 수용해야 한다. 국민주권이 국민을 대신하려는 세력에 의해 실현되어서는 안 된다. 국민 스스로 실현해 나갈 때 정치세력만이 아니라 국민 모두가 함께 잘 사는 사회가 만들어진다.

국민의 권리가 투영되어 있는 법과 제도는 끊임없이 변한다. 루돌프

폰 예링의 말처럼 "권리는 단순한 사상이 아니라 살아있는 힘이다. 권리를 위한 투쟁은 권리자 자신에 대한 의무이다. 주관적 의미의 권리란 추상적 규정을 개인의 구체적 권한과 연결시켜 준다." 그러나 현 투표제도는 1인 2표제로 형식만 바꾸었지 하나를 선택해야만 하는 내용을 전혀 바꾸지 않은 위헌적 요소를 가지고 있다. 헌법재판소는 유권자의 선택권과 직접선거를 존중하면서 국민주권을 실현하려 하였다. 하지만 유권자의 다양한 투표가치를 단순평등하게 보려 한 점은 국민주권의 구체적인 권리를 침해하고 있는 것이다.

차등투표제와 기명투표제가 대안!

유권자들은 후보자나 정당들 중에서 하나만 선택하라는 투표제도로 인해 자신의 이해관계를 투표권리에 제대로 투영할 수 없다. 유권자들의 이해관계는 지역별·직업별·연령별·성별로 매우 다양하다. 유권자들은 주요한 선거에서 후보로 나서는 다양한 정당이나 후보자들 중에서 복수로 선택하여 자신의 권리를 위임할 수 있다. 예를 들면, 1인 5표제는 1인 2표제보다 국민주권을 실현하는 데 유용한 제도이다. 그런데 1인 1표제든 현행과 같은 방식의 1인 2표제든 국민주권을 실현하지 못하고 있다. 위헌적 요소까지 가지고 있는 제도이다. 유권자 개개인이 지역별·직업별·연령별·성별의 차이에 따른 자신의 이해를 모두 관철시킬 수 있을 때, 투표가치의 절대적 평등성이 보장된다. 유권자들은 차등투표제를 토대로 다양한 이해의 차이를 보장받아야 한다. 이를 위해서는 물론 입법부를 구성하는 방식과 제도도 변화되어야 한다. 하나만을 선택하게 강요하는 투표제도는 곧 유권자의 다양한 선택권을 박탈하고 유권자의 의사에 반하여 투표가치의 불평등을 강요한다.

선거의 단순 평등제도를 넘어서는 상상적 대안으로 세대 간의 차등투표제도나 이해관계에 따른 차등투표제를 도입하는 것은 어떨까? 우리나라에서 연령이 많은 사람들은 보통 보수적인 정치성향을 보여 왔다. 한국갤럽에서 1997년부터 2007년까지 대통령 선거에서 나타난 연령별 지지율을 여론조사 결과로 확인할 수 있었다. 그 여론조사의 결과는 최종 투표결과에서도 거의 유사하게 나타났다.

40대 이상의 유권자들은 대통령 선거에서 한나라당을 지지하는 버팀목이었다. 50대 이상의 유권자들은 2002년 대선과 2007년 대선에서 한나라당을 지지하는 보고였다. 이들 세대들은 양대 선거에서 민주당을 거의 지지하지 않았다. 40대 이상의 유권자들도 20~30대의 젊은 층보다 지켜야만 할 기득권을 많이 가져서 그런지 민주당보다 한나라당을 많이 지지하였다. 한나라당이 기득권을 유지하는 데 유리하다고 판단되었던 모양이다.

국가정책은 국민 모두에게 동일한 이해관계를 형성하지 않고 연령이나 직업에 따라 이해관계가 다를 수밖에 없다. 손해를 보면서 권력의 일부를 부분적으로 포기해야 하는 국민도 생겨나고 자신의 권리보다 더 많은 득을 얻는 국민도 생겨난다. 서로 다른 이해관계가 단순하게 평등화되는 문제점들이 여기에 있다. 이해관계의 정도에 따라 권리를 침해받거나 다른 사람의 권리에 무임승차할 수 있게 된다. 무임승차를 가장 잘하는 주체가 바로 공공적 권력체로서의 국가이다. 국가만이 다양한 이해관계를 공공의 이해로 전화시킬 수 있다는 것이다. 국가를 공공선의 주체로 보는 근거이지만, 이는 헌법에서 보장하고 있는 국민의 실질적 평등권이 무너지는 과정이기도 하다. 그런데 국가정책에 대한 연령별·직업별·지역별 차등투표제를 도입하면 실질적인 평등을 실현할 수 있는 것 아닌가! 국민은 국가가 보장하는 시혜적인 차원의 권리를 넘어서서 주체적이고 능동적인 차원의 권리를 누리게 될 것이다.

투표제도는 헌법상의 선거권리를 실현하는 제도인 만큼 유권자의 투표가치를 평등하게 보장해야 한다. 1인 다표제의 방식인 차등투표제와 순위투표제 등은 국민주권 및 투표가치의 평등성을 실질적으로 복원할 수 있다. 기명투표제 역시 민주주의를 강화할 수 있는 상상 속의 대안이 될 수 있다. 이러한 투표제도는 국민주권의 형식적 평등을 실질적 평등으로 바꿔내려 한다.

차등투표제는 이해관계의 정도에 따라 유권자들에게 기표권한을 서로 다르게 배정하여 투표하자는 것이다. 강남훈 교수도 민주사회정책연구에서 차등투표제의 도입을 강조하고 있다. "1인 1표가 기본이지만, 어떤 사안이 지역별, 계층별로 상이한 비용이나 상이한 편익을 발생시킨다면 지역별, 계층별로 투표비중을 달리하는 것이 바람직하다. 예를 들어, 어떤 지역에 쓰레기 소각장을 만든다고 할 때, 소각장과 아주 가까운 곳에 사는 사람은 3표, 좀 먼 곳에 사는 사람은 2표, 좀 더 먼 곳에 사는 사람은 1표를 행사하고 거의 관계없는 사람은 투표에서 배제할 수 있다. 특별한 경우에는 핵심적인 영향을 받는 사람들에게 거부권을 부여하거나 만장일치제를 요구할 수도 있다." 유권자들의 이해관계에 따라 투표의 권리를 다양하게 차등하는 제도이다. 사회구성원의 이해관계는 생활조건에 따라 매우 다양하다. 이러한 이해관계는 1인 1표제 방식의 형식적 평등으로 사라진다. 보편적인 공공의 이해만이 남게 된다. 사람들의 이해관계는 상대적일 수밖에 없다. 때문에 정치적 권리는 그들의 이해관계를 보장할 수 있어야 한다. 그 권리는 주권의 차별이 아니라 이해관계의 차이를 인정하는 방식으로 재구성되어야 한다.

순위투표제는 유권자들이 후보자들이나 정당을 순위 매겨 기표하는 방식이다. 대통령 후보자가 5명일 경우에 유권자들은 5명의 후보에게 순위별로 모두 기표한다. 정당에 대한 투표도 역시 마찬가지이다. 유권자들이 하나를 선택해야만 하는 강요의 폭력에서 해방되는 과정이다. 후보자나 정당을 나름대로 평가하여 순위를 매기는 과정은 곧 민주주의의 학교이다. 유권자들은 자신의 권력을 주도적으로 다스린다. 자신의 권리를 자신 스스로 지배한다는 의미이다. 국민의 정치의식은 이 과정에서 급격하게 고양될 수 있다. 개표방식과 개표결과를 합산하는 문제에 대해 걱정할 필요조차 없다. 우리나라의 세계적인 IT기술과 전문성과 능력을 갖춘 관료들을 무시하지 말아야 한다.

차등투표제나 순위투표제도 무기명 비밀투표제이다. 무기명 비밀투표제가 유권자들에게 권리행사의 책임의식을 강화시키지 못하고 민주주의 이행의 권리주체들을 형성하지 못한다면 기명투표제도의 도입을 적극적으로 상상해 보자. 기명투표제도는 유권자들이 실명을 밝히면서 투표하는 제도이다. 거수투표제나 기립투표제가 도입되었던 이승만 정권의 국회를 생각하면 된다. 기명투표제는 유권자 스스로 자신이 행사한 권리에 대해 책임을 강화하는 제도이다. 비밀투표제 하에서는 지지한 정당이나 후보자가 누구냐고 물어보는 것 자체가 금기시되어 있어서 유권자 스스로 권리의 책임에서 너무나 자유로워 많은 부작용을 일으키기도 한다. 어떤 지역구에서는 온갖 부정과 부패를 저질러 당선되지 않아야 할 사람은 당선이 되었는데 공개적으로 그 후보자를 찍었다고 말하는 유권자는 없다. 유권자들이 보여 주는 무책임의 극치다. 우리나라는 인터넷의 발전, 정보통신 기술의 확대, 거의 제로에 가까운 문맹률 등을 구축하고 있다. 인터넷뱅크에서 활용하고 있는 공인인증제도와 고도화상시스템을 활용하면 비밀을 유지하면서도 기명투표제를 실현할 수 있다.

과반수 함정과 민주주의

과반수 결정은 절대선?

100명 중에서 두 사람이 98명과 싸워서 이길 수 있는 게임은 그리 흔하지 않다. 프로와 아마추어 간의 게임에서도 거의 볼 수 없는 현상이다. 비슷한 경력과 능력을 소유한 사람들 간의 게임에서는 결코 나타날 수 없다. 그런데 이런 기적과도 같은 승부가 자주 일어나는 게임이 있다. 그것은 바로 선거게임이다. 다수득표제도에서 단 한 사람이라도 많은 득표를 얻는 후보자가 승리하는 게임이 선거이다. 과반수 의사결정제도에서 두 사람이 캐스팅보트의 역할을 하는 경우이다. 의사결정방식의 미학이자 역설이기도 하다.

국회의원 총선거 개표가 마감되면 으레 신문이나 방송사들은 아주 적은 차이로 승부가 난 게임을 열심히 보도한다. 2004년 제16대 국회의원 총선거의 빅뉴스는 경기도 광주·하남 지역구에서 불과 2표 차로 승패가 갈린

사건이었다. 제17대 국회의원 총선거에서 당선된 문학진이 2표 차 패배의 당사자이다. 이것이 승부처에서 발휘하는 소수의 힘이다. 2명의 유권자가 더 참여하여 51명이 된 유권자는 49명의 힘을 일거에 앗아간다. 2명 때문에 49명의 권리는 빼앗기는 것이 민주주의인가? 49명의 주권은 온데간데없이 사라져도 그만인가?

과반수는 다수를 결정하는 데 보편적이면서도 손쉬운 방식이다. 어느 한쪽이 일방적으로 우세하게 결정하면 문제가 되지 않는다. 하지만 서로 의견의 비중이 비슷한 상황에서는 과반수 결정방식이 등장한다. 의사결정의 주체들을 대부분 홀수로 구성하는 것이나 우리나라 국회의원 총수가 299명인 것도 이와 무관하지 않다. 결정적인 순간에 발휘되는 캐스팅보트 역할을 하는 한 사람은 다수의 힘을 좌우한다. 만약 3개의 정당이 국회를 구성하고 있는 상황에서 2개 정당의 국회의원 수가 각각 149명 동수이고 나머지 1개 정당의 국회의원이 1명일 경우에 문제가 발생한다. 국회의원 총회에서 그 1명의 국회의원이 어떻게 결정하느냐에 따라 법률의 향방이 결정된다. 입법권의 절대적인 힘을 1명의 국회의원을 보유한 정당이 가진다. 이러한 현상이 선이라고 생각하는 사람은 거의 없다. 어떻게 1명이 298명보다 정당할 수 있느냐는 의식이다. 그 반대의 상황도 발생할 수 있다. 각각 149명의 국회의원을 보유한 2개의 정당이 문제투성이인 법률을 놓고 서로 싸울 수 있다. 이때 1명의 국회의원을 보유한 정당이 국민주권을 위해 기권하면 그 법률은 통과될 수 없다. 1명의 국회의원이 다수의 힘으로 밀어붙이는 악을 저지할 수 있는 경우이다.

뭔가를 선택하는 데 선과 악으로 구분하는 방식 자체가 보편화되고 있다. 정말 고리타분하다는 생각이 들지만 다수가 결정하면 곧 선이고 소수는 악이고 오류인 것처럼 여겨진다. 그런데 이분법적인 판단의 굴레를 벗어나는 순간 다수가 항상 선인 경우도 없지만 소수도 역시 항상 선일 수 없다. 문제는 과반수 다수가 항상 선으로 인정되는 의사결정방식이다. 의사결정방식이 과반수라는 사실만을 지적하고자 하는 것은 아니다. 과반수 의사결정도 선을 결정할 수도 있고 악을 결정할 수도 있다. 결정하는 내용이 국민주권을 실현하는가의 여부에 따라 선과 악으로 규정될 뿐이다. 그렇다면 과반수는 국민주권을 실현하는 데 유용한 의사결정방식인가의 문제를 심각하게 고민할 필요가 있다.

과반수 의사결정이 국민의 의사를 왜곡할 수 있다. 일차적으로 과반수 제도 자체가 국민의 의사를 직접적으로 왜곡하는 경우이다. 대표적인 예로 과반수 의사결정 및 선거대의원 제도의 함정이 미국 대통령 선거에서 종종 나타난다. 전체 유권자들의 지지표를 적게 확보하였음에도 대통령 선거 대의원 수를 많이 확보하여 대통령에 당선되는 경우가 많다.

2000년 미국 대통령 선거에서 조지 부시 공화당 후보가 이러한 방식으로 대통령에 당선되었다. 전체 국민의 직접투표에 의한 득표에서는 민주당의 앨 고어 후보가 약 54만 표를 더 획득하였다. 하지만 대통령 선거대의원 수에서 부시가 271 대 266으로 앞서서 대통령에 당선되었다. 미국 대통령 선거제도는 각 주별로 배정된 대통령 선거대의원을 확보하는 방식이다. 해당 주에서 과반수 득표한 후보가 해당 주에 배당되어 있는 선거대의원 모두를 확보한다. 선거대의원이 각 주의 유권자 수에 비례하여 배정되기 때문에 선거대의원은 미국 전체 유권자의 의지나 지지와 무관하게 배정될 수 있다. 그 어떤 정당도 국회에서 과반수의 국회의원을 확보하지 못하는 경우에도 왜곡이 발생한다. 대부분의 정당은 이럴 경우에 정당 간의 연합으로 과반수의 국회의원 수를 확보하려 한다. 소위 정책연합이나 연립정부의 구성으로 나타난다. 특수한 경우에는 정당통합도 이루어진다. 특정 정당을 매개로 국민주권을 실현하려 했던 국민의 의사가 또 다른 차원에서 왜곡되는 과정이다. 정책연합이나 연립정부가 국민의 의지와 무관하게 정당 간에 형성될 수 있다. 이 과정에서 각 정당의 정책을 지지했던 유권자들의 의지는 왜곡된다.

또 다른 경우이지만, 과반수의 국회의원을 확보한 정당이 국민주권을 유린해도 제도적으로 제어할 방법이 없다. 이러한 정당은 헌법에서 규정하고 있는 특별결의 사안을 제외한 일반결의의 사안을 자의적으로 결의할 수 있다. 우리나라 헌법에서 규정하고 있는 특별결의 사안은 세 가지의 경우이다. 하나는 헌법 제53조의 대통령이 법률안에 재의를 요구할 경우이다. 다음으로는 헌법 제64조의 국회의원을 징계하는 경우이다. 마지막으로 헌법 제65조의 대통령에 대한 탄핵소추 등의 경우에 국회 재적의원의 3분의 2 이상의 결의를 요구하고 있다. 이 외는 국회 재적의원의 과반수 의결을 요구하는 일반결의이다.

헌법에서 규정하고 있는 이러한 방식의 의사결정은 국회에서 특정한 정당이 과반수의 국회의원을 확보할 경우에 헌법이 특정 정당에 무한한 권력을 부여하는 꼴이다. 다수의 국회의원을 확보한 특정 정당은 헌법의 규정을 근거로 국무총리, 국무위원, 행정각부의 장, 헌법재판소 재판관, 법관, 중앙선거관리위원회 위원, 감사원장, 감사위원 등을 언제든지 탄핵소추할 수 있다. 대통령이 계엄을 선포하여 국민주권을 유린해도 대통령에게 계엄의 해제를 요구하지 않을 수 있다. 1970년대 후반의 유신체제 하에서 국회의 과반수를 확보한 공화당이 대통령의 긴급조치 해제를 요구하지 않았다. 대통령이 과반수의 국회의원을 확보한 정당에 소속되고 국회권력과 정부권력이 대통령을 중심으로 일원화되는 대통령제 하에서는 언제든지 나타날 수 있는 현상이다. 특정 정당이 3분의 2 이상의 국회의원을 확보했을 경우에는 헌법까지 마음대로 좌지우지할 수 있다. 또한 경쟁하고 있는 정당의 대통령이나 국회의원을 언제든지 탄핵하거나 제명할 수도 있다. 헌법에서 규정하고 있는 다양한 의사결정의 원칙들은 절대선이 아니라 절대악을 불러들여 국민주권을 유린하는 폭력적 수단으로 작용한다.

　마지막으로 양당제도의 고착화에 기여한다. 과반수 의사결정제도와 양당제도가 동전의 앞뒷면과 같은 관계이다. 양당제도는 과반수 의사결정을 보다 쉽게 할 수 있는 제도이다. 또한 과반수 의사결정제도는 양당제도의 정치적 필요성을 강화시킨다. 무소속 국회의원이 양산되지 않는 한, 양당제도는 전체 국민주권을 양분하여 위임받는다. 어느 한 정당이 과반수의 국회의원을 확보하게 된다. 양당제도는 일반적으로 정치과정의 효율성을 장점으로 내세운다. 기득권 지배세력을 중심으로 한 과반수 의사결정의 정당성이 바로 여기에 있다. 기득권 지배세력들은 실질적인 다당제를 다음과 같이 비판한다. 특정 정당이 과반수의 국회의원을 확보하지 못하게 하여 국가정책의 비효율성을 강화하는 제도라는 것이다. 한 선거구에서 2명의 국회의원만을 선출했던 중선구제나 1명의 국회의원만을 선출하는 소선거구제가 양당제도의 정착에 기여하였다. 특히 유신체제에서 전격적으로 도입된 중선거구제는 거대한 여당과 야당이 의석을 서로 나누어 차지하는 '나눠먹기' 식 제도였다. 여당과 야당이 암묵적 동의 하에 국가권력을 분점하였다. 이는 또한 새로운 정치세력의 출현을 억지하는 힘으로 작용하였다. 양당제도 하에서 이미 거대 정당으로 성장해 버린 두 개의 정당만이 정치권력을 독점하는 것이다. 양당제도 하에서는 대부분 소수 정당이 의사결정의 과정에 영향력을 발휘하지 못한다. 거대 양당은 극한 대결을 하다가도 의사결정의 과정에서 서로 주고받는 조합주의 정치bargain politics로 양당제도를 강화하면서 새로운 정치세력의 출현을 저지하기 때문이다.

의사결정의 혁명적 대안!

권리를 위임받은 사람들은 권리를 위임한 사람들로부터 자유로워지려고 한다. 누군가가 위임받은 자신의 권한을 통제하거나 간섭하는 것을 달가워하지 않는다. 수천만 명의 사람으로부터 위임을 받은 권리를 권력으로 간주하는 사람들은 더욱 그러하다. 더욱이 독재체제는 권력에 대한 최소한의 균형이나 견제조차 허락하지 않는다. 입법부와 사법부는 대통령의 권력만을 바라보며 연일 '해바라기어천가'를 부른다. 역사적으로 독재자들이 국회나 국민을 무시하면서 무소불위적인 권력을 행사했던 것도 바로 이러한 연유 때문이다. 국민은 권력의 일부만을 위임했지만, 자신에게 돌아오는 것은 억압의 화살이고 생활의 고통이었다. 그렇지만 대통령이나 국회의원에 당선되면 그들은 거의 국회에서 탄핵되거나 제명되지 않는다. 국민의 권력을 무시하는 경우가 다반사다. 국민으로부터 선출되었기 때문일까? 국민이 대통령이나 국회의원에게 위임한 자신의 권력을 일상적으로 관리하고 통제하기가 쉽지 않다는 것이다.

정치인에 대한 통제는 국가권력 내부의 권력투쟁으로 이루어졌다. 국가권력을 장악한 세력과 그것을 장악하고자 하는 세력 사이에 벌어진 통제와 억압이었다. 특정 정치인을 사형시키거나 구속시키는 다양한 사건들이 그렇다. 국민은 물론 이 과정에서 자신의 주권을 행사할 수 없었다. 탄압받는 정치엘리트들이나 탄압하는 지배세력이 공히 국민주권을 내세우면서 권력투쟁을 전개하였다. 국민은 그저 권력투쟁의 구경꾼으로 전락하면 그만이었다. 우리나라의 정치에서도 흔히 볼 수 있는 경우이다. 김영삼 전 대통령이 1979년에 국회에서 국회의원직에서 제명된 것이나 노무현 전 대통령이 2002년에 대통령 직에서 탄핵된 것은 우리나라의 정치사에서 매우 특이한 경우이다. 권력투쟁의 과정이었지만, 이 두 사건은 1948년 이후 국회에서 법적 절차를 거쳐 처리되었다. 특정 정당이 독과점한 의회의 의석을 반민주적인 차원에서 사용하였기 때문에 나타난 현상이다. 국민이 정치세력들을 관리하거나 통제할 수 없어서 나타난 현상이기도 하다. 대통령을 탄핵소추하거나 국회의원을 제명하는 것이 특이한 것이 아니라 보편적인 조건을 만들 필요는 없는 것인가? 대통령이나 국회의원은 특별한 사람들이니까 헌법에서 보장하고 있는 특별결의만으로 탄핵하거나 제명해야만 하는 것인가?

1979년 여름, 부산과 마산에서 박정희 정권의 몰락을 예고하는 항쟁이 전개되었다. 유신체제를 무너뜨리고자 하는 국민의 저항이었다. 부마항쟁의 시작은 당시 김영삼 국회의원에 대한 국회의 제명과 무관하지 않다. 유신체제에서 국민주권을 그나마 실현하려 했던 야당 국회의원이 제명되자 국민은 자신의 주권을 항쟁으로 표출했다. 물론 국민주권을 제대로 실현하려 하는 국회의원을 국회에서 쉽게 제명하지 못하게 하는 것도 중요하다. 그러나 국민이 국회의원들을 일상적으로 감시하거나 통제할 수 있는 제도적 장치가 없는 상태에서 누가 국회의원을 견제할 수 있다는 말인가? 대통령에 대한 통제도 마찬가지이다. 국민이 선출했다고 해서 임기를 보장해야 한다는 말은 어불성설이다. 과반수 결정방식으로 선출된 국회의원이나 대통령은 전체 유권자나 국민의 대표가 아니라 실질적으로 소수의 대표에 불과하다.

모든 선거의 마감시간이 지나고 난 직후에 갖게 되는 초미의 관심은 누가 당선될 것인가로 쏠린다. 이명박 대통령은 2007년 12월 대통령 선거 최종 득표율에서 선거에 참여한 유권자의 절반 이하를 획득하였다. 총 유권자 수와 비교하면 그 득표율은 더욱 낮아진다. 그렇지만 선거관리위원회는 다수결제도를 빌어 이명박 후보의 대통령 당선을 선포하였다. 전체 유권자 중에서 3분의 1 이상이 기권한 권리는 온데간데없이 사라져 버렸다.

1998년 이후 우리나라의 주요한 선거에서 기권율은 평균 5분의 2 이상이었다. 역대 재·보궐 선거의 기권율은 약 3분의 2 이상이다. 2008년 6월 4일의 전국 재·보궐 선거의 기권율은 4분의 3 이상이었다. 주요 전국 총선거에서 나타난 기권율을 가지고 보면, 거의 절반에 가까운 국민이 우리나라의 정치를 부정하면서 선거에 참여하지 않고 있다. 기권자 중에는 개인적인 일이 급해 기권을 한 사람도 있을 것이다. 혹자는 아예 정치를 생각하는 것에 신물이 나서 적극적으로 기권하기도 했다. 그렇지만 소수의 유권자들만이 참여해도 참여한 유권자 중에서 과반수를 득표한 사람이 전체 유권자들의 권리를 대변하게 된다. 만약 참여하지 않은 2분의 1의 유권자를 빼고, 참여한 사람 중에서 과반수를 빼면 실질적으로 약 4분의 1 이상의 지지만 획득해도 유권자 전체의 권리를 확보할 수 있다. 만장일치제도가 아닌 이상 어떠한 의사결정방식이라 할지라도 한계를 드러낼 수밖에 없다.

하지만 국민주권 실현에 실질적으로 기여할 수 있는 대표를 선출하고 그 대표들의 대표성을 강화시킬 수 있는 의사결정방식이 존재한다. 대표자의 대표성을 강화시키기 위해 모든 선거에서 전체 유권자의 2분의 1 혹은 3분의 2 이상의 득표를 했을 경우에만 당선시키는 방안이다. 이를 위해서는 각종의 선거에서 여러 번 투표해서 결정해야만 할 것이고 투표도 하루에 끝나는 것이 아니라 며칠 동안 투표하는 방안도 고려해야만 할 것이다. 대통령이나 국회의원을 특별결의방식(유권자의 3분의 2 이상)으로 선출하여 대표자들의 대표성을 강화시키는 대신에 대통령이나 국회의원에 대한 탄핵소추나 제명을 3분의 1 이상의 결의로 하게 하면 된다. 대통령 탄핵소추 및 국회의원 제명권한도 국회의원에게만 부여되는 것이 아니라 국민에게도 부여할 수 있다. 전체 유권자의 3분의 1 이상이 탄핵소추나 제명에 서명하거나 동의하면 직무를 정지시키고 국민이 직접선거로 결정하는 것이다. 탄핵이나 제명의 권한을 국민이 가지고 있는 이상, 한번 선출되었다고 거드름 피우는 대통령이나 국회의원은 없어질 것이다.

3분의 1 이상의 의사결정방식이 허무맹랑한 이야기만은 아니다. 우리나라 헌법 제67에 대통령을 선출하는데 3분의 1 이상의 의사결정방식이 규정되어 있다. "대통령 후보자가 1인일 때에는 그 득표수가 선거권자 총수의 3분의 1 이상이 아니면 대통령으로 당선될 수 없다." 대통령 후보자가 1인인 경우에는 두 가지로 이해할 수 있다. 하나는 독재체제에서 다른 정당의 대통령 후보자가 나서지 않고 독재자 1인만이 후보로 나선 경우이고, 다른 하나는 국민의 정치적 무관심이 극대화되거나 정치가 없어도 생활하는 데 지장이 없는 경우이다. 국민에게 유리한 제도로 바꾸는 것이 의사결정의 대표성만이 아니라 결정된 사항의 집행력도 강화된다.

그래서 헌법에서 규정하고 있는 의사결정의 일반결의와 특별결의 방식을 바꿔야 한다. 국무총리 및 국무위의 해임 및 탄핵소추와 관련된 의사결정의 방식은 주로 국회재적의원 3분의 1 이상의 발의에 국회재적의원 과반수 찬성으로 되어있는 의사결정방식을 다음과 같이 바꾸면 된다. 의원입법 발의기준인 국회의원 10명 이상이 발의하여 국회재적의원 5분의 1 이상의 찬성으로 가결하는 것으로 한다. 이렇게 바뀔 경우 국무총리 및 국무위원들은 국민주권을 억압하기보다 실현하는 데 힘을 기울일 것이다. 물론 국민이 이러한 의사결정방식을 남용할 수 있다. 특히 보수와 진보라는 정치적 대결구도가 형성되었을 경우에 더욱 그러하다. 이러한 의사결정방식이 국가정책의 수립과 집행에 걸림돌로 작용하지 않을 수 없다. 그러나 이러한 문제는 국민의 직접선거로 해결하면 된다. 국회에서 발의한 의제의 정당성 여부를 국민투표로 결정하면 된다. 국민이 그것의 정당성을 인정하고 난 이후에 그 발의안이 효력을 가질 수 있게 하는 것이다.

또한 특별결의의 대표적 사항인 대통령에 대한 탄핵소추도 이러한 의사결정방식으로 하면 된다. 헌법 제77조에서 규정하고 있는 대통령의 계엄선포권도 마찬가지이다. 기본적으로 대통령의 계엄선포권은 폐기되어야 한다. 국민이 오히려 국가기관에 대한 계엄선포권을 가져야 한다. 이 권리는 국민의 과반수가 국가에 대해 계엄선포권을 발휘했을 경우에 국가기관의 모든 역할과 기능을 정지시킬 수 있다. 국민이 보유해야만 할 국가기관업무중지권하고 일맥상통한다. 만약 대통령의 계엄선포권을 인정한다 하더라도 그것을 해제하는 의결방식을 국회재적의원 10명의 발의에 5분의 1 이상의 찬성으로 한다면, 과반수 의사결정방식의 한계는 극복될 것이다.

이처럼 의사결정의 혁명적 대안은 국민의 정치적 무관심과 기권현상을 없애는 요인으로 작용할 것이다. 국민 스스로 정치적 대상화와 소외의 대표적 현상인 무관심이나 기권의 문제점들을 인식할 수 있기 때문이다. 자신이 참여해서 대통령이나 국회의원을 통제할 수 있는데, 그것을 마다할 국민은 없다.

대상화나 소외라고 하는 의미는 "정치권력을 생산한 주체가 실질적으로 권력을 향유하지 못하고 오히려 통제해야 할 권력으로부터 지배받는 현상"이다. 권력주체가 자신의 권력을 위임하고 난 이후에 '자기권력'을 지속적으로 행사하거나 통제하지 못하는 경우이다. 자유민주주의 지배세력은 이러한 현상의 원인을 유권자들의 무책임에서 비롯되었다고 비난하면서도 정치적 무관심이나 기권의 문제를 적극적으로 해결하려 하지 않는다. 자유민주주의 지배세력은 국민의 정치적 관심도나 정치의식이 낮으면 낮을수록 국민을 지배하기가 쉽다는 점 때문에 오히려 정치적 무관심을 조장하려 한다. 국민은 일상적인 시기에는 정치적으로 무관심하다가 단지 선거정치의 시기에 투표에 참여하면 그만이다. 국민이 선거공간에서 '한 표를 행사하는 유권자'만으로 간주되거나 득표를 확대하기 위한 도구로 전락하게 된다. 국민은 권력의 주체로 존재하는 것이 아니라 '대표자를 당선시키는 기계'에 불과하다.

제도권의 여당이나 야당이나 할 것 없이 일단 패배하면 그 패배의 쓰라린 화살을 주변의 기권자들에게 돌리곤 한다. 기권하는 이유도 제각각이다. 제도가 무용하다고 생각해서 기권하는 사람, 도저히 자신의 권리를 위임해 줄 만한 정당이나 사람이 없어서 기권하는 사람, 자유민주주의 체제의 정치에 신물이 나서 기권하는 사람 등이다. 정치적 무관심이나 투표기권행위는 정치체제에 대한 수동적 저항이나 방관자적 저항 등으로 그 의미를 해석할 수 있다. 이는 직접적으로 간섭하거나 통제할 수 없는 경우에 무관심으로 보상받으려는 심정인 것이다. 특히 가중되는 생활의 고통을 해결하기 위해 경제적 활동에 주력하지 않으면 안 되는 사람들에게는 더욱 그러하다.

정치권력에 대한 관심과 간섭을 축소시키려는 지배세력의 조작현상이다. 사회적으로 정치문제에 대한 관심이 증폭되면 될수록 지배세력이 권한을 자유롭게 집행하는 데 걸림돌이 발생된다. 그래서 지배세력은 생활과 정치를 철저하게 분리시키려 한다. 정치는 의회나 정당이 담당하고 국민은 생활만 잘하면 되는 식의 정치와 경제의 분리이기도 하다. 노동자들이 한미FTA나 언론법 개정문제, 국가보안법 등과 같은 정치적인 의제를 가지고 파업하면 불법으로 몰아붙이는 이유가 여기에 있다.

고대사회에서도 이러한 유형의 대의제도가 존재했다. 바보, 천치라는 단어의 어원인 이디오테스idiotes는 시민citizen의 반대어로써 공적영역에서 행동하려고 하지 않거나 할 능력이 없는, 순전히 개인사에만 매달리는 인간형을 지칭했다. 고대 그리스 사회에서 사적영역에 종사하거나 노동하는 노예나 여성 등이 그러한 인간형이었다. 노동하는 사람들 때문에 먹고살 수 있었던 시민들은 사적영역과 공적영역을 생활에서 분리시켰다. 바보들은 사적영역에서 노동력만을 제공하였고, 시민들은 바보들의 노동력을 착취하여 공적영역에서 생활하였다.

국민은 상대적으로 진보적이고 개혁적이라고 생각했던 정치권력이 자신의 이해와 무관하다는 본질적 속성을 알고 난 이후부터 스스로 정치적 권리를 포기하기도 한다. 개혁의 우산에 가려진 자본의 발톱에 상처를 입는 것은 국민뿐일 경우가 허다하다. 개혁이라는 담론은 무성하면서도 개혁의 실재는 존재하지 않는 경우를 보고 혀만 끌끌 차게 된다. '속빈 강정'도 이보다 더하지 않을 것이라는 참담함이 가슴을 후빈다.

국민은 정치적 참여나 동원의 성과와 혜택을 직접 경험하지 못하는 과정에서 스스로 정치권력의 도구로부터 탈피하려 한다. 국민은 정치적 참여나 관심을 가진 사람들에게 돌아오는 국가폭력 앞에서 지난 선거에서 스스로 선택하고 지지했던 자신에 대해 후회하면서도 국가 중심의 정치를 외면해 버린다. 국민은 가끔 자신의 손가락을 탓하면서 더 이상 버티지 못하고 제도정치로부터 탈주한다.

국민이 자신의 권리를 주체적으로 인식하고 행사하지 못하는 사회는 민주주의가 아니다. 정치적 무관심이나 기권은 적극적인 차원으로 그 의미를 부여한다 하더라도 국민 스스로 자신의 권리를 포기하는 현상임에 틀림없기 때문에 자유민주주의 세력들은 그러한 문제를 방치하고 있지만, 민주주의를 위해서라도 정치적 무관심이나 기권의 문제를 해결할 수 있는 방안이 마련되어야 한다.

우선 부정부패세력을 사회적으로 추방할 수 있는 권리가 국민에게 보장되어야 한다. 은밀하게 저질러지는 부정부패를 국민이 쉽게 파악하기 어렵다는 점을 고려할 때, 국민감사나 국민조사의 권리를 헌법에서 보장하고 그러한 권리를 토대로 검찰이나 경찰의 조사과정까지 국민이 감사하고 조사할 수 있는 제도적 장치를 확보하여 부정부패세력의 피선거권을 영원히 박탈하게 하는 방안이다.

또한 국가권력이 피선거권을 박탈당한 사람들을 사면하지 못하도록 해야 한다. 그런데 부르주아 세력이 3권을 독점한 상태에서 권력네트워크를 구축하고 있다는 점을 고려할 때, 부정부패 범죄행위에 대한 조사나 판단의 과정에 국민이 직접 참여하게 하고, 범죄조사기관이나 사법기관 역시 국민감사나 국민조사의 권리를 침해할 경우에 공직에서 반드시 물러나게 해야 한다. 만약 국민이 이러한 권리를 가지고 국가권력을 좌지우지할 수 있게 된다면 참여의 권리를 스스로 포기할 국민은 거의 사라지게 될 것이다.

다음으로는 투표방식에 IT기술력을 접목시키는 방안이다. 너무 많은 비용이 들지 않겠냐고 걱정할 필요도 없다. 요즈음 우리나라의 IT기술이 세계 최고의 수준이라는 점을 고려한다면 언제 어디서든지 IT기술력을 이용하는 투표제도를 도입하면 된다. 휴대폰 투표제나 인터넷 투표제는 현대 정보사회에 걸맞은 투표제도이다. 이미 인터넷 투표나 핸드폰 투표가 보편화되고 있는 상황임을 고려할 때, IT기술을 활용하는 무인투표소를 만들어 시간과 장소에 구애받지 않고 투표하게 하거나 혹은 선거관리위원회가 유권자들을 찾아다니는 방문투표제와 같은 방안이 적극적으로 모색될 수 있다. 장애인이나 환자들이 투표를 하지 못하는 경우가 허다한데, 선거관리위원회가 이러한 국민의 주권을 실현하는 차원에서 방문투표제도를 적극적으로 모색해야 한다. 또한 무인 현금자동지급기가 전국 곳곳에서 작동하고 있듯이, 무인투표소를 생산현장이나 아파트 단지 내에 설치해서 투표에 참여하게 할 수 있을 것이다.

개표원이나 감표원까지 동원해서 수작업을 해야만 하는 비용까지 고려할 때, IT투표제는 투표비용도 획기적으로 줄일 수 있다. 기표소도 없애고 확 트인 장소에서 자유롭게 투표하게 한다면 기표소를 설치해야 하는 수고와 비용도 줄일 수 있다. 공개적인 투표방식 때문에 부정선거가 발생할 우려가 있는 것은 사실이다. 그러나 이 문제는 국민주권을 실현하려는 국민의 몫이다. 또한 부정선거를 예방하기 위한 정책을 만들어 낼 선거관리위원회의 몫이기도 하다. 전자투표는 물론 선거결과를 조작하기가 더 쉬울 수 있다. 기득권 지배세력이 프로그램을 장악하면 가능하다. 하지만 이것은 부정선거나 결과조작을 예방할 수 있는 또 다른 정책으로 해결할 수 있다. 국민이 프로그램 구축 및 운영을 통제하는 방식으로 투표권리를 누려야 한다.

마지막으로 기권자들에게 욕만 하는 것이 아니라 그들의 권리를 인정하는 차원에서 투표참여를 유도할 수 있다. 선거관리위원회는 투표용지에 후보자의 이름과 찬반 여부를 묻게 하는데, 기권란을 만들어 유권자들에게 기권이라는 정치행위를 보장해야 할 것이다. 투표용지에 후보자 모두를 찬성하거나 반대하는 것도 적극적인 차원의 기권행위에 속할 수 있지만 그것은 부정적인 방식이므로 아예 기권란을 만드는 것이다. 헌법 제24조가 모든 국민이 법률이 정하는 바에 의하여 선거권을 가진다고 보장하고 있는 만큼 국민이 적극적으로 기권에 참여하는 투표행위도 선거권을 행사하는 것으로 보아야 한다. 정치적 무관심이나 기권이 비난의 대상이 아니라 권리로 인정되는 것을 누가 상상해 보았을까? 현실의 정치를 부정하는 기권표가 적극적 정치행위로 표시될 경우 정부나 의회를 새로 구성하는 계기가 될 것이다. 기권이 능동적인 정치행위의 권리로 인정될 경우에는 의사결정의 방식도 바꿀 수 있다. 우리나라의 모든 선거가 기권표보다 많은 유효득표를 얻어야 당선되도록 하는 제도도 상상할 수 있다. 헌법을 개정하여 국민에게 투표의 권리만 보장하지 말고 기권의 권리도 보장할 때, 국민주권을 보다 완전하게 실현하는 조건이 된다.

청소년·소녀와 민주주의

기성세대의 눈높이로 재단되는 청소년·소녀?

2008년 청계천 광장에서 시작된 촛불이 서울광장으로 번져 대한민국을 촛불공화국으로 만들었다. 온라인의 네트워크는 촛불로 달구어졌다. 청소년·소녀들의 촛불이 기성세대들의 촛불로 진화하였다. 이명박 대통령은 스스로 명박차량과 명박산성에 갇혔다. 현실정치에 뛰어나다고 떠들었던 그 어느 누구든지 청소년·소녀들의 촛불에 끌려 다녀야 했다. 항상 감시와 훈육의 대상이었던 청소년·소녀들은 기성세대들을 훈육하였다. 그야말로 청소년·소녀가 보여 준 정치전복의 미학이었다. 그들은 바로 정치적 주체였다.

2008년 청소년·소녀의 촛불공론장은 사회적 차별과 특권을 개입시키지 않고 합리적 대화를 추구하는 개인들로 구성되었다. 촛불은 개별적이면서도 개별화되지 않은 힘이었다. 또한 촛불은 집단적이면서도 집단적이지 않은 힘이었다. 개인의 힘이 집단화되기도 하였고 집단적 힘이 개별화 되기도 하였다. 촛불은 개인과 집단을 연결하는 정치적 가교였다. 자발적 네트워크가 집단적이고 직접적인 민주주의의 힘으로 작용한 것만은 틀림없다. 참여자들은 합리적 담론을 가능케 하는 기준을 존중하면서 참여자의 평등성을 보장하려 하였다. 아고라의 새로운 장이 열렸던 것이다. 촛불 공론장은 자의적이고 폭력적인 국가권력을 민주적인 것으로 변화시키려 하였던 것 아닌가? 국가 중심의 정치를 국민 중심의 정치로 전이시켰던 것 아닌가? 2008년 촛불은 말이나 글로써만 미래사회의 주인이었던 청소년·소녀들을 민주주의 정치의 주인으로 나서게 했다. 청소년·소녀들은 책에서 배워왔던 민주주의를 자신들의 아고라 민주주의, 아니 촛불 민주주의로 전복시켰다. 그들은 우리나라에서 민주주의 퇴행이라는 위기국면을 발전국면으로 전화시킨 주체로 등장하였다.

'청소년·소녀'라는 용어는 공시적으로나 통시적으로 대단히 정치적인 의미를 가진다. 청소년·소녀의 연령을 어떻게 정하느냐, 그 언표에 해당되는 주체들의 성격을 어떻게 규정하느냐에 따라 그 용어가 함의하는 의미들은 상당히 다를 수 있다. '청소년·소녀'란 용어 자체부터 대단히 유동적이고 자의적이면서도 사회적 기득권을 가지고 있는 기성세대들의 눈높이 시각이라고 비판하기도 한다. 청소년·소녀들은 성년이 되더라도 어린이 취급받기 십상이다. 우리나라 청소년·소녀들은 군대를 갔다 오거나 결혼을 해야 어린이에서 벗어난다. 우리나라의 사회문화적인 연령 기준이다. 청소년·소녀라는 법률적이고 형식적인 연령, 그리고 사회문화적인 연령에서 벗어나지 않는 한, 그저 보호와 훈육의 대상일 뿐이다. 청소년·소녀를 지칭하는 용어나 연령 규정이 모두 제각각이다. 영어로 'Youth'에 해당되는 청소년은 보편적으로 사용하는 용어이다. 하지만 상황에 따라서는 보호의 대상으로서 '아동children', 성년의 전단계로서의 '미성년under-age', 아동과 성년의 불완전한 과도기적 존재로서의 '청년adolescence'으로 지칭되기도 한다.

    1961년에 제정된 미성년자보호법에 의해 우리나라 청소년·소녀들은 도덕적이고 윤리적인 훈육의 대상으로 규정받게 된다. 기성세대들이 보호해야만 하는 유리그릇이었다. 박정희 군부독재체제가 청소년·소녀들을 본격적으로 관리하고 통제하기 시작하였다. 청소년·소녀들은 일제 식민지시대에 민족해방운동의 한 주체였다. 1960년 4·19혁명에서도 투쟁의 도화선을 만들었던 그들이었다. 그런데 청소년·소녀들이 순식간에 판단능력과 책임능력이 없는 보호대상으로 전락하게 되었다. 박정희 군부독재체제가 만든 두 법은 청소년·소녀를 '보호'와 '육성'이라는 사회적 기틀을 만드는 데 기여하였다. 미성년자보호법은 1997년 청소년보호법으로 개정되었고, 아동복리법은 1987년에 청소년육성법으로 개정되었다가 1991년에 청소년기본법으로 다시 바뀌었다. 청소년 보호정책과 육성정책이 서로 다른 법적 근거와 기구가 양분된 상태에서 추진되고 있다. 그렇지만 이 두 법률은 기본적으로 청소년·소녀를 자기 생활의 주체로 보지 않는다. 그저 기성세대들이 청소년의 생활을 보호하고 양육해야만 하는 대상이다. 청소년·소녀들은 자기 생활의 주체성을 가지고 있지 못한 것이다.

    유엔이 정한 '아동의 권리에 관한 협약'에 의하면, 청소년·소녀 연령은 18세 미만이다. 우리나라 청소년·소녀의 연령은 청소년기본법에서 9세 이상에서 24세 이하이다. 청소년보호법에서는 19세 이하로 명시되어 있다. 20세 미만의 미성년자는 아직 심신의 발육이 충분하지 않고 판단능력이 부족하므로 민법상 행위무능력자로 하여 법정대리인을 두어야 한다. 그래서 재산상의 거래행위는 법정대리인이 대신하든지 미성년자가 법정대리인의 동의를 얻어야 한다. 그런데 심신의 능력이 노쇠하여 거의 행위무능력자 수준에 이른 고령자는 문제가 되지 않는다. 이미 20세를 넘긴 지 오래기 때문에 20세 미만의 청소년보다 판단능력과 책임능력이 좋다고 인정된다. 나이를 가지고 판단능력과 책임능력의 유무를 판단하는 법률적 일반화의 폭력이다. 영재교육이 발달하여 15세 전후로 대학에 입학하는 아이들이 늘어나고 있다. 이러한 영재의 판단능력이 기성세대보다 뒤떨어진다는 객관적 근거는 없다. 영재들은 오히려 기성세대들보다 더 훌륭한 국가정책을 자신의 창의력으로 만들어 낼 수 있다. 그런데 기성세대들의 눈높이로 만들어진 기준으로만 보면, 대학에 입학한 영재들도 20세가 되지 않았기에 판단능력과 책임능력을 갖추지 못한 보호대상으로 남아 있어야만 한다.

국가별로 청소년의 심신 발육상태가 차이가 있어서일까? 아니면 청소년의 인격과 주체성을 보다 이른 나이에 인정하는 사회문화 때문일까? 미국, 영국, 프랑스, 독일 등 세계 143개 국가가 18세 미만을 미성년자로 규정하고 있다. 인도네시아나 이란과 같은 국가는 17세 미만을 미성년자로 규정한다. 우리나라는 17세에 주민등록증을 받고도 미성년자로 남아 있다가 20세가 되어야 성년으로 대접받는다. 20세가 되지 못해 규제받고 있는 것들을 일일이 말할 필요는 없다.

우리나라 청소년들은 18세가 되면 근로, 납세, 국방 등의 의무가 주어진다. 공무원에 임용되거나 운전면허를 취득하는 것도 가능하다. 또한 결혼도 할 수 있다. 그렇지만 20세 이상의 성년이 되지 못할 경우에 국가와 사회의 보호를 받아야만 것들이 무수히 많다. 18세 이상 20세 미만의 미성년자들은 의무만 있지 권리는 거의 제한되어 있다고 해도 과언이 아니다. 대표적인 의무가 국방의 의무이다. 전시에는 17세만 넘으면 전쟁에 동원된다. 보호대상이었던 청소년이 국가를 위해 총을 들어야 한다. 17세가 전쟁에 참여할 정도로 심신이 발육되고 판단능력과 책임능력을 갖추었다고 판단해서일까? 이는 주민등록증이 17세에 발급되는 근거이다. 신분증의 변천사를 보면 그 해답이 있다. 주민등록법이 개정된 이유는 총력적인 안보태세를 강화하기 위해서였다. 주민등록을 거주 사실과 일치시키고 주민등록증 발급대상자 연령을 민방위대 및 전시동원 대상자 연령과 일치시키고자 18세에서 17세로 낮추었다. 국가가 동원하는 청소년·소녀는 심신능력이 높이 평가되고, 국가의 관리대상으로서의 청소년·소녀는 판단능력이나 책임능력을 가지고 있지 못하는 꼴이 된다.

우리나라 중·고등학교 학제에서는 청소년·소녀들이 대부분 19세에 고등학교를 졸업하고 대학에 입학하거나 취업한다. 고등학교를 졸업하기 이전까지는 전시에 동원될 때 빼고는 그저 보호대상으로 남아 기성세대들의 의지대로 관리되고 양육되어야 한다. 청소년·소녀들은 인격을 가지고 있는 것이 아니라 부모의 인격으로 대체되는 종속적 대리주체에 불과한 것이다.

기성세대들은 아마도 세대 간의 사회적 갈등을 예방하면서 자신의 기득권을 보호하거나 자신의 의지대로 조종하려는 의도를 가지고 있다. 기성세대들은 아니 기득권 지배세력들은 청소년·소녀의 촛불을 끄기 위해 학교와 시험을 그 수단으로 삼았다. 청소년·소녀의 일상생활에서 약한 고리로 작용하는 권력관계를 이용하였다. 기성세대들은 청소년·소녀들을 학벌사회가 강요하는 대학입시의 전쟁터인 학교의 울타리에 가두었다. 요즈음 대학생들도 학교의 울타리를 쉽게 벗어나지 못한다. 졸업을 하고 싶어도 졸업을 미루는 학생들이 너무나 많다. 그들에게 노동의 권리가 부여되지 않고 있기 때문이다.

세대 간의 갈등 중에서 가장 대표적인 것은 노동의 권리를 둘러싼 갈등이다. 최근 우리나라의 청년실업률이 10% 이상 장기화된 지 이미 오래다. 취업을 하더라도 그저 비정규직이다. 최소한의 생활을 위해 직업을 두 개 혹은 세 개를 가져야만 하는 다기능 사회만이 그들을 맞이한다. 우리나라에서도 낮에는 비정규직으로 직장생활을 하고 밤에는 대리운전을 하는 사람들이 아주 많다. 가족구성원 모두가 최소한의 생활을 위해 돈을 벌지 않으면 안 되는 사회이다. 청소년·소녀들에겐 절망의 미래를 희망의 미래로 바꾸어 내는 세대혁명의 과제만이 남는다. 일하고 싶어도 일자리가 없어서 실업자로 살아가야만 하는 청소년·소녀, 학벌사회의 낙오자가 되지 않기 위해 입시경쟁에서 이겨야만 하는 청소년·소녀, 일자리를 잡아도 비정규직으로 살아야만 하는 청소년·소녀들은 그저 기성세대를 위한 노리갯감이기 때문이다. 청소년·소녀들은 노동의 위기시대에서 독립적인 자기생활의 권리를 쉽게 확보하지 못한다. 기성세대들이 청소년·소녀의 노동과 돈을 좌지우지한다. 청소년·소녀를 훈육과 보호의 대상으로 남게 하려는 기성세대들의 최후 수단이다. 기성세대들은 단지 내 자식만 노리갯감으로 전락하지 않으면 된다는 자기만의 울타리를 치고 있다.

정치적 주체로 다시 서는 청소년·소녀!

청소년·소녀들은 국민임에도 주권을 가지지 못한다. 권리는 거의 없고 의무에 짓눌려 살고 있다. 자신의 권리를 위임할 대표도 기성세대들 가운데 한 사람도 선택하지 못한다. 자신의 권리조차 보호와 훈육의 대상으로 전락한 상태이다. 기성세대들은 청소년·소녀에게 불확실한 미래를 위해 밤낮으로 투자하라고만 한다. 문제는 기성세대들이 청소년·소녀의 권리를 보호하지 않는다는 점이다. 청소년·소녀의 권리는 그저 자신의 기득권을 더욱 강화시키는 수단에 불과하다. 기성세대들의 이권은 청소년·소녀를 보호하고 훈육한다는 우산에 가려져 있을 뿐이다. 그래서 세대 간의 문제가 사회적 갈등으로 비화되는 것을 철저하게 방지한다. 이 문제는 민주화 이후의 민주주의를 확장하고 정착시켜 나가는 데 가장 핵심적인 사안이다.

한국청소년단체협의회는 청소년·소녀를 보호하고 육성해야 할 대상으로 전제한 상태에서 국정과제를 제시하였다. 대학입시라는 경쟁지옥에서 판단능력이나 책임능력을 갖추지 못한 채 스트레스를 해소한답시고 비행의 수렁에 빠질 수 있는 청소년·소녀를 기성세대들이 잘 보호하려는 정책이었던 것이다. 한국청소년단체협의회는 2007년 대통령선거 후보자들에게 7대 영역 30대 정책과제를 대선공약사항에 반영해 줄 것을 요청하였다. 정책과제는 주로 청소년·소녀들을 훈육하기 위한 것들이었다. 기성세대들은 청소년·소녀 전담부처 신설 및 예산확충, 청소년 참정권 확대 및 청소년지도자 복지개선, 지역사회 청소년 통합지원체계 내실화, 민간차원 청소년국제교류 및 국제협력 지원 강화, 청소년·소녀 지도자의 날 법제화 등을 추구한다. 이러한 정책내용들은 청소년·소녀를 지도하고 훈육하는 기성세대들의 몫이었다. 청소년·소녀 스스로 자신의 주권을 실현하게 하는 알맹이는 하나도 없었다.

1960년대 이후 군사정권이 등장하면서 청소년·소녀를 적절하게 통제하고 훈육하려는 정책이 추진되었다. 기성세대들을 중심으로 하는 기득권 지배세력은 '오로지 공부 열심히 하고, 부모님 말씀 잘 듣는 아이만이 성공한다'는 사회적 고정관념까지 만들었다. 적어도 지금까지는 청소년·소녀는 현실정치의 한정치산자였다. 아니, 어떠한 행위도 주체적으로 할 수 없는 금치산자였다. 국가권력은 청소년·소녀에게 정치적 주장을 할 수 없게 하였다. 기성세대들의 눈높이로 만들어진 교과서만이 그들의 공간이었다. 국정교과서는 국가에 충성하고 부모에게 효도하는 사람, 성장을 위해 국민 모두가 허리띠를 졸라매야 하는 경제, 국가의 공공적 폭력을 위해 권리를 양보하는 정치 등을 그들에게 강요하였다. 기성세대들이 청소년·소녀들을 훈육하고 관리하기 위한 이데올로기적 울타리에 불과하였다. 그래서 교과서에서 탈주하는 청소년·소녀는 바로 비행청소년으로 낙인을 찍었다. 교사가 청소년·소녀에게 정치적인 문제에 대한 비판적 인식을 할 수 있는 기회를 제공하기라도 하면 당장에 운동권 교사, 의식화 교사로 비난을 가했다.

이제는 정치세력만의 정치에서 벗어나는 민주주의나 국가 중심의 권력에서 벗어나는 민주주의가 정착되어야 한다. 청소년·소녀의 권리는 그들 스스로 관리하고 지배할 수 있어야 한다. 이러한 요소들은 민주주의가 공고화되고 있는가의 여부를 판단하는 기준으로 작용한다. 기존의 정당정치는 시민citizen, 대중mass, 다중multitude, 인민people, 군중crowd의 직접적인 정치참여를 수용하지 못하고 있다. 대의정치는 기성세대들만의 리그로 전락하였다. 이 과정에서 청소년·소녀들은 시혜의 대상으로만 존재한다. 과거와 같이 좁은 의미의 대의정치만이 아니라 참여와 대의가 공존하는 네트워크 정치가 발전하고 있다. 그 중심에 청소년·소녀가 존재한다. 그런데 기성세대들은 그들을 미래사회의 주인이자 주체라고만 말할 뿐, 항시 자신의 눈높이로 설정된 기준에 맞게 보호하고 양육하는 온실 속의 맞춤형 화초로 간주한다. 청소년·소녀가 배우고 접하는 민주주의도 마찬가지였다. 그것은 자신들을 정치의 주체로 나서지 못하게 하는 민주주의였다. 또한 책을 통해 왜곡되고 비틀어진 내용만을 배우는 민주주의였다. 청소년·소녀는 2008년에 촛불을 들거나 네트워크를 타고 정치의 주체로 나섰고 왜곡되고 비틀어진 민주주의를 바로잡는 주인공이 아닌가?

소비대중문화가 급속히 확산하면서 등장한 1990년대의 '신세대'를 일컬어 탈정치적인 세대, 탈이념적인 세대로 보는 것이 보편적이었다. 소비자본주의 시대에 청소년·소녀들은 자신이 좋아하는 문화적 취향이나 스타일에 대해 강한 집착을 보이기도 하였다. 특정 가수의 팬클럽이 주도하는 팬덤문화를 양성하기도 하였다. 이후에 등장한 소위 X-세대나 N-세대 역시 탈정치적인 문화만을 추구한 것처럼 여겨졌다. 그러나 보호대상에서 떨어져 나와 그들만의 문화적이고 정치적인 활동에 우려를 금하지 못하는 기성세대들의 편견에 불과했다. 정치적 주체를 의회나 정당으로 제한시켜 버리는 기성세대들의 잘못된 판단능력이다.

인터넷의 보급으로 청소년·소녀들이야말로 사회, 정치적 이슈에 대해 논쟁점을 정확히 파악하고 있다. 찬성과 반대의 요점을 정확하게 알고 비판할 능력이 기성세대들보다 뛰어나다고 할 수 있다. 아무런 생각 없이 오로지 돈만 벌려고 하면서 살아가는 기성세대들과는 다르다. 스스로 자발적인 정치적 참여와 비판의식을 갖는 청소년·소녀들이 오히려 대한민국의 미래희망이자 기둥이다. 청소년·소녀들은 스스로 자신들의 이해와 직·간접적으로 연계되어 있는 국가정책을 결정할 능력을 가지고 있는 것이다. 기성세대들이 운영하는 청소년·소녀단체들도 그들 스스로 운영하는 시스템으로 변화되어야 한다.

청소년·소녀들은 사회적 보호대상이 아니라 자신의 권리를 확보해 나가는 사회적 주체이다. 미래사회의 주인은 기성세대들의 말과 글만으로 만들어지는 것이 아니다. 그들 스스로 정치적 주체로 나설 때 만들어질 수 있다. 청소년·소녀들이 정당이나 정치조직 등을 중심으로 정치활동을 하면 된다. 자신을 사회적 보호대상으로 전락시키고 있는 사회적 모순들을 극복해 나가면 된다. 가장 손쉬운 방법은 청소년·소녀 스스로 자신들의 정당을 결성하는 것이다. 청소년·소녀들은 가칭 '청소년·소녀미래사회당'을 결성하여 정치활동을 할 수 있다. 또한 그 정당을 중심으로 청소년·소녀들의 국가정책에 개입하거나 대안적인 정책을 만들 수 있다.

이를 위해서는 청소년·소녀에게 정당활동의 자유를 완전하게 보장함과 더불어 선거권·피선거권을 동시에 부여해야만 한다. 정치는 기성세대들만의 독점물이 아니기 때문이다. 팬클럽을 조직하는 청소년·소녀들의 능력을 고려하면, 가칭 청소년·소녀미래사회당은 기성세대들의 정당보다 탄탄한 조직력을 구축할 수 있다. 정당활동의 형식과 내용 역시 젊음만큼 활기찰 것이다.

우리나라의 선거연령은 1948년 정부수립 당시 만 21세로 시작되어 1960년에 만 20세로 낮추었다. 이후 45년간 그대로 유지되어 왔다. 1990년대 중반에 들어서면서 전 세계의 거의 모든 국가가 만 18세 이하의 연령에 선거권을 부여하고 있다. 우리나라에서도 선거연령을 낮추는 문제를 가지고 논의하였다. 국내법은 만 18세를 법적 성인으로 인정한다. 국가는 그들에게 병역, 납세, 노동의 의무를 부과하고 있다. 단지 참정권에서만 성인으로 인정하지 않고 있을 뿐이다. 청소년의 권리와 의무 간에 이중적 잣대가 적용된다. 의무는 부과하면서도 권리는 인정하지 않고 있는 것이다.

2006년 오스트리아, 영국, 일본에서 '16세 유권자'가 등장하였다. 이 문제는 나라 안팎으로 뜨거운 논쟁을 불러 일으켰다. 미국 국제전략문제연구소CSIS의 행정전문가인 제럴드 하이만은 "그들이 과연 정책에 대해 고민할 수 있는 성숙한 시민이라고 볼 수 있는가?"라고 반문했다. 미국은 베트남 전쟁이 끝나고 난 이후에 '군대에 갈 수 있으면 투표도 해야 한다'는 논리로 참정권 제한 연령을 21세에서 18세로 낮췄다. 영국 옥스퍼드대학의 스테인 링겐 교수는 "아장아장 걷는 아이들도 유권자에 포함시켜야 한다"며, "아동들이 공공정책 결정에 영향을 더 미쳐야 한다"고 맞섰다. 체코의 인권장관인 드자밀라 스테리코파는 "사회구성원이라는 소속감을 느낄 수 있게 해 주면, 청소년·소녀의 범죄율을 낮출 수 있다"며, 최소한 자치단체 선거라도 개방해야 한다고 강조했다.

우리나라에서 선거연령을 21세에서 19세로 낮추는 데 거의 50년 가까이 걸렸다는 사실에 비추어 볼 때, 16세 유권자 문제는 꿈속에서나 생각해 볼 먼 나라 이야기이다. 그러나 2008년 촛불은 16세 유권자 문제가 바로 우리 것이라는 희망을 던져 주었다. 세계적으로 만 16세와 17세 청소년들에게 선거권을 부여하고 있는 나라도 니카라과와 쿠바 등을 비롯해 7개 국가에 이른다. 이란은 만 15세 청소년·소녀들에게 선거권을 부여하고 있다. 미국, 영국, 프랑스 등을 포함한 140여 개 국가는 만 18세의 청소년들에게 선거권을 부여하고 있다. 세계 거의 모든 국가가 18세 청소년들에게 선거권을 부여한다고 생각하면 된다. 단지 우리나라를 비롯해 몇 몇 국가에서

만 19세 이상에게 선거권을 부여하고 있다. 우리나라 청소년이 다른 나라 청소년에 비해 판단능력과 책임능력이 부족해서일까? 이러한 의문을 던지는 순간 우리나라 기성세대들은 아마도 손사래를 칠 것이다. 세계 수학올림픽과 같은 경기에서 뛰어난 능력을 발휘하는 우리나라 청소년·소녀들을 어떻게 보고 있느냐고 반문할 것이다.

기성세대들은 경제활동이 가능한 연령을 만 15세 이상으로 설정하였다. 만 15세에서 만 29세까지의 총소년·소녀들은 청년실업률을 산출하는 대상이다. 기성세대들은 만 15세 이상의 청소년·소녀들이 가지고 있는 노동력을 인정하고 있다.

피선거권의 연령도 매우 다양하다. 남아프리카공화국이나 캐나다처럼 18세에 피선거권을 부여하는 국가도 있다. 싱가포르나 영국은 21세에 피선거권을 부여한다. 우리나라도 25세 이상이면 국회의원 후보로 나서서 당선될 수 있다. 대통령 후보로 나서려면 40세 이상이 되어야 한다. 매우 혼란스럽다. 우리나라 선거권은 19세인데 국회의원 후보자격은 25세이고 대통령 후보자격은 40세라니 뭔가 모순이 있다. 정치적인 판단능력과 책임능력이 있어서 선거권이 부여되었는데 피선거권은 또 다른 나이의 기준으로 제약하고 있다. 상식적으로 선거권 연령과 피선거권 연령은 같아야 한다. 정치적인 판단능력과 책임능력에서 선거권자와 피선거권자 간에 무슨 차이가 있기에 나이로 제약하는지 이해할 수 없다. 10대 대통령 후보와 국회의원 후보가 나오거나 당선되면 그것이야말로 뛰어난 우리나라 청소년·소녀의 능력에 감사하고 축하해야 할 일이다. 10대의 대통령 후보와 국회의원 후보가 당선되어 기성세대들보다 국가정책을 더 잘 수립하지 못할 것이라는 객관적 근거는 없다. 단지 기성세대들은 생활의 경험만을 내세우면서 청소년·소녀의 부족한 경험능력을 의심할 뿐이다.

그렇다 하더라도 10대 선거권자에게 피선거권을 부여하지 않을 이유가 없다. 청소년·소녀 문제와 관련해서 볼 때, 기성세대들의 과거 경험은 박물관의 전시품에 불과하다. 과거의 추억과 향수를 먹고사는 올드보이들이다. 청소년·소녀는 현실사회의 경험을 가지고 있는 청소년 문제의 실질적인 전문가들이다. 컴맹이면서도 정보사회의 청소년·소녀를 이해하고 있다고 떠드는 기성세대들이 그저 눈 가리고 아웅할 뿐이다. 노동과 돈을 장악하고 있는 기성세대들이 기득권의 폭력을 행사할 뿐이다. 설사 청소년·소녀의 경험이 부족함을 인정한다 하더라도, 청소년·소녀 스스로 자신의 이해와 관련된 국가정책을 결정하게 하면 된다. 아프리카의 르완다 헌법은 제188조에서 국가청소년·소녀협의회를 국가기구로 규정하고 있다. 르완다 국가청소년·소녀협의회는 청소년·소녀 정책을 협의하고 결정한다. 청소년·소녀의 대표자들은 이 협의회에 참여할 수 있다. 청소년·소녀가 단순히 기성세대들의 보호대상이 아니라 사회의 당당한 권리주체이고 미래 사회의 실질적인 주인으로서의 권리를 행사한다. 현실의 정책이 미래의 주인들에게 영향을 미친다. 미래의 주인인 청소년·소녀들이 국가정책의 모든 영역에서 협의하고 결정할 수 있는 사회적 권리를 누려야 한다. 청소년·소녀들은 이러한 권리를 토대로 자기주도적인 삶의 주체로 성장하게 될 것이다.

청소년·소녀들이 정치의 문제에서 주변화되어야 한다는 생각은 세대 간의 폭력이다. 청소년·소녀를 정치적 주체로 간주하는 것이 아니라 보호와 육성의 대상으로 간주하는 기성세대들의 과잉 애프터서비스이다. 그들의 권리를 기성세대들의 선입관과 편견으로 제한하려는 지배이데올로기이다. 국가는 가능한 한 나이가 많을 때까지 청소년·소녀를 제약하고 통제하려 한다. "청소년·소녀는 미성숙한 자이기 때문에 정치적 자기결정을 제도적으로 보장할 수 없다"라든가, "청소년·소녀를 보호하기 위해서는 음란물이 제도적으로 통제되어야 한다" 등이다. 이러한 주장은 이미 심신이 발달하여 판단능력과 책임능력을 가지고 있는 청소년·소녀들을 몰래 감시하고 통제하려는 보이지 않는 손의 원리에 불과하다. 청소년·소녀들에게 판옵티콘의 원리를 작동시키려는 기성세대들의 폭력이다.

정치인은 권력의 꿀맛을 찾는다. 정치인이 누리는 무한한 특권은 국민의 피와 땀이다. 정당이 국고보조금을 받아야 할 이유가 없다. 지방자치제는 풀뿌리민주주의가 아니다. 그것은 지배권력의 전국적 네트워크에 불과하다. 상상혁명은 국민을 정치의 주인으로 만든다. 국민 스스로 자기의지를 지배하고 통제하는 민주주의이다. 조작으로부터 자유로워지는 민주주의이다. 두려움에서 해방되는 자유이다.

상상혁명 4 _ 정치

정치, 정치인과 민주주의

강제력과 영향력을 박탈당한 정치권력?

국민이 생각하는 정치를 간단하게 정리하면 다음과 같을 것이다. 굳이 마키아벨리의 《군주론》에서 정치의 이중적인 모습을 들추어 낼 필요도 없다. 통치를 받고 있는 국민 스스로 정치와 정치인의 참 모습을 인식하고 있다. 현실에서 보고 느꼈던 정치와 정치인들에 대한 평가에서 비롯된 것이다. 정치는 '거짓말과 음모'이다. 정치는 '말싸움'이다. 정치는 '여론'이다. 국민은 정치와 정치인에 대해 참으로 부정적으로 인식한다.

특히 정치인들을 바라볼 때는 더욱 그러하다. "정치인들은 거짓말을 일삼는 천재들이다. 이런 천재들은 늘 눈 먼 돈을 챙기기 위해 싸움한다. 지역을 위해 챙기는 돈, 잘 알고 지내는 사람을 위해 챙기는 돈, 국가와 자본을 위해 챙기는 돈. 결코 명분 없이 돈을 챙기지 않는다. 낮에는 멱살을 잡으며 싸우다가도 저녁에는 학교나 고향 선후배 간의 서열을 내세워 형님 먼저 아무 먼저 술을 권한다. 카메라 불빛 앞에서 하는 정치와 홍등가 정치는 다르겠지? 만지작거리는 돈의 규모는 그 누구도 모른다. 그저 누가 큰 도둑질을 하느냐의 문제만 남아 있다고 생각한다. 정치인도 영향력에 따라 만지작거리는 돈의 규모가 달라진다는 것쯤은 당연시된다. 그러면서도 정치인들은 다음 선거에서 또 당선되기 위해 항상 여론에 촉각을 세운다. 여론의 향배에 일희일비하는 하루살이이기도 하다. 돈을 챙기지 않으면 안 되는 이유이기도 하다. 그러면서도 나만큼 털어서 먼지 안 나오는 사람 있으면 나와 보라고 큰소리친다."

국민이 생각하는 정치인의 모습이다. 너무나 부정적인 측면만을 내세웠다고? 정치인을 다르게 생각하는 국민도 많을 것이라고? 맞는 말이다. 정치인은 본래 국민을 위해 헌신적으로 봉사하는 사람들이다. 국민의 안전과 행복을 위해 항상 고민하고 실천하는 사람들이다. 이런 정치인이 정말로 많았으면 하는 바람 또한 국민이 가지고 있다. 왜냐하면 정치는 기본적으로 사회적으로 존재하는 생산의 가치를 소수 세력이 독점하는 것을 예방해야 하니까. 서로 분배하면서 살아가는 맛이 있는 것 아닌가.

삶이라고 하는 것 자체가 가치를 둘러싼 갈등의 연속이어서 그런지 정치를 갈등의 시각에서 정의하는 정치학자들이 적지 않다. 세계적인 정치학자로 소개되는 이스턴은 정치를 "가치의 권위적 배분"이라고 한다. 사회적으로 존재하는 다양한 가치를 공적인 권력주체가 사회구성원들에게 배분하는 것으로 보고 있다. 그런데 그의 정의를 갈등의 시각으로 달리 해석할 수 있다. 정치란 '사회체계를 유지하기 위한 생산물의 가치를 공적인 권력주체가 분배하는 것'이다. 이 과정에서 가치의 소유주체, 권력의 주체, 그리고 분배의 양을 둘러싸고서 갈등이 생겨날 수 있다. 가치배분을 둘러싼 주체들 간의 갈등, 가치를 분배받고자 하는 주체들 간의 갈등, 지역 간의 갈등, 계층 간의 갈등, 그리고 계급 간의 갈등이다.

정치가 가치를 둘러싼 갈등으로 표상될 수 있다. 일반적으로 정치는 '인간과 자연, 인간과 인간, 인간과 국가 간의 관계에서 발생하는 온갖 갈등을 공동선의 기준으로 해결하는 행위'라고 정의된다. 계급 간의 갈등과 조화로 유지되는 자본주의 사회에서 계급정치를 부정할 수밖에 없는 근거이기도 하다. 그러나 자본주의 사회의 공동선은 결국 계급 간의 갈등으로 구성된다. 이스턴의 개념을 원용해서 정리하면 간단하다. "정치란 제도화된 권력 혹은 비제도화된 권력을 토대로 현실의 사회적 관계를 둘러싼 권력주체 간의 갈등과 투쟁"인 것이다. 계급정치에 대한 정의도 매우 간단하다. 이러한 개념을 원용하면 된다. "계급정치는 계급사회라는 현실의 사회적 관계에서 계급이해를 둘러싼 계급적 권력주체 간의 투쟁"이다.

정치는 한마디로 권력을 위한 투쟁이다. 흔히 권위, 영향력 등과 같은 용어와 혼동되어 사용되기도 한다. 사실상 권력, 권위, 영향력 등의 용어는 무형적이고 추상적이어서 관찰하기도 힘들고 함축성도 많다. 권력은 위협이나 강제력을 사용하여 행위자가 자신의 의도를 타인에게 적극적으로 강요한다. 권력은 타인의 반응을 불러일으킬 수밖에 없다. 따라서 권력은 물리적인 힘을 필요로 한다. 지배자가 체포, 사형 등과 같은 수단을 이용하여 인간의 가치를 박탈하거나 박탈하겠다고 위협함으로써 자신이 의도한 효과를 산출해 내야 하기 때문이다. 이런 점에서 권력은 권위와도 다르다. 단순한 영향력이나 강제력을 사용하지 않으면서 다른 사람의 행동을 일정한 방향으로 변화시킬 수 있는 권위와도 차이가 있다. 권위는 위협이나 강제력을 사용함이 없이 다른 사람의 행동을 변화시킬 수 있는 능력이라는 점에서 카리스마적이라고 할 수 있다. 권력은 힘에 기반을 두고 있다. 또한 타율적이고 외면적인 성격을 지니고 있다. 반면에 권위는 가치에 기반을 두는 자율적이고 내면적인 성격을 지니고 있다. 즉, 권위에는 가치의식과 내면적 존엄성 및 타당성 등이 따른다.

따라서 정치권력은 물리적 강제력과 권위, 영향력의 총합이라고 할 수 있다. 다수의 국민이 정당한 권력으로 인정해야만 할 근거이다. 그 정당성에서 발현되는 권위에 대해 자발적으로 복종할 때 정치권력의 지배가 가능하게 된다. 권위가 없는 단순한 물리적 강제력은 파괴적 폭력에 불과하다. 사실상 권위를 결여한 권력은 올바른 정통성을 얻기 힘들다. 권위는 권력을 가지고 있지 않아도 지도적인 힘을 발휘할 수 있다. 하지만 권위를 결여한 권력은 폭력적인 힘만을 앞세우다가 끝내는 국민주권에 굴복하게 된다. 국민은 권위를 가질 수 있는 정치와 정치인을 희망한다. 정치가 거울이기를 바란다. 그것은 거울 속의 정치인이 자신의 모습으로 비추어지는 정치의 시대이다. 자신과 정치인이 하나가 되는 국민주권의 시대이다.

국민은 거울 속의 정치인을 찾아 나선다. 자신이 곧 정치의 주체가 되는 세상을 만들어 가는 과정이다. 국민주권이 실현되는 정치이다. 국가가 정치의 주인이 아니라 국민이 정치의 주인이다. 권력을 중심으로 하는 정치가 아니라 권위를 중심으로 하는 정치이다. 국민은 정치권력에 내포되어 있는 강제력과 영향력을 폐지하고 권위만 남는 정치를 재구성하려 한다. 국민은 권력만을 앞세우는 정치와 싸운다. 싸울 때는 지도자를 앞세우기도 하고 스스로 나서기도 한다. 권력의 정치는 지도자와 국민이 하나가 되는 것을 허용하려 하지 않는다. 국가만이 권력의 주체임을 항상 내세운다. 반면에 국민은 스스로 강제력과 영향력을 확보하여 국가를 통제하려 한다. 국가는 그저 권위만을 가지고 있으면 된다. 국민의 자치조직들이 국가를 통제할 수 있는 강제력과 영향력을 확보하는 시대이다. 이러한 시대는 권력을 국민에게 돌려준다. 시민사회를 중심으로 시민권력이 형성되기도 한다. 국민의 생활현장에서는 국민이 현장권력을 보유한다. 국가는 그저 그러한 권력이 잘 행사될 수 있도록 울타리 역할만 하면 된다.

예를 들면, 대통령이나 군·경찰 수뇌부가 군대와 경찰을 통제하는 것이 아니라 국민이 군대와 경찰을 통제하면 된다. 국민의 국가유지자치협의회 같은 조직이 군대와 경찰의 인사권한을 보유한 상태에서 군대와 경찰의 일상적인 업무에 참여하고 감시하면 된다. 그리고 군대나 경찰 내부에서도 아주 자연스럽게 국민의 자치조직들이 결성되어 운영될 수 있어야 한다. 현존하고 있는 시스템만이 국가의 안보와 치안을 유지할 수 있다고 생각하는 것 자체가 허상이고 망상이다. 1980년 5월 광주항쟁에서 시민군들이 항쟁의 과정에서 광주시의 치안과 질서를 기존의 경찰보다 더 잘 유지했다는 점을 상기한다면, 국민의 국가유지자치협의회는 구질서를 딛고 일어서면서 국민주권의 신기원을 열게 될 것이다. 이처럼 국민주권의 정치는 국가정책의 수립 및 집행과 평가의 과정에서 국민의 자치조직이 권력을 행사하는 것인데, 이는 국가권력이 국민의 생활 속에 실질적으로 투영되어 있어야 한다는 것을 의미한다.

이래야 권위 있는 정치!

'지도자가 없어서 슬픈 국민이여, 언제나 고통스러워도 말이 없구나.

피와 땀만 쏟아내는 너는 무척 건강한 족속이었나 보다. 거울 속의 제 얼굴을 들여다보고 잃었던 행복을 생각해 내고는 어찌할 수 없는 분노에 슬픈 목소리로 먼 산에 외쳐본다.' 노천명 시인의 〈사슴〉으로 지도자 부재의 시대를 새롭게 그려볼 수 있다. 정치인들은 모두가 다 자신이 지도자라고 외쳐대지만 국민은 먼 산에 외쳐댄다. "우리의 진정한 리더는 아직 오지 않았다"고. 리더십이 없는 지도자가 우후죽순처럼 왔다가 사라지는 백가쟁명의 시대에 국민은 피와 땀만 쏟아내고 있다. 권위를 가진 지도자가 국민을 주인으로 만들어 국민이 지도자이고 국민이 권력을 발휘하는 세상에서 정치권력은 소멸하게 될 텐데. 정치는 있지만 정치권력이 사라지는 세상을 상상하는 것이 어리석은 짓일까?

우리나라의 경우에는 대학시절의 학생운동 여부가 정치입문의 관문이자 정치엘리트의 명분이었다. 1960년 4·19혁명에 참여했던 4·19세대, 1973년 한일협정에 반대했던 6·3세대, 1980년대에 전두환 정권을 투쟁으로 몰락시켰던 386세대라고 자처하는 사람들이 민주화 투쟁의 경험을 포장하여 엘리트 정치인으로 등장한다. 국민의 정치의식을 우매한 것으로 치부하면서 나만이 국민을 잘 이끌어 나갈 수 있다는 나르시시즘적인 엘리트 정치의 온상이었던 것이다. 선거정치만을 허용하는 통치전략의 결과다. 선거의 후보로 나서기 어려운 생활상의 고통이라는 울타리에 갇힌 국민은 그러한 정치인을 욕하면서도 대부분 최악이 아닌 차악을 선택한다. 능동적인 선택이 아닌 강요된 선택이다. 이렇게 선택된 정치인은 권력에 투영되어 있는 자신의 이해를 숨긴 채 국민에게 다가간다. 국가와 국민을 위해 봉사하고 헌신하는 엘리트로 둔갑한다. 국민의 머슴이나 심부름꾼이라는 말은 권력의 포장지에 불과하다.

권위를 가진 지도자가 없다고 한탄하는 사람들이 적지 않다. 선거 때만 되면 권위를 가지고 있는 외부 인사들을 영입하여 득표를 많이 얻고자 하는 정당의 모습은 이미 상식이다. 이는 두 가지의 의미를 내포하고 있다. 하나는 정당 스스로 기존 정치권에는 권위를 가진 사람이 거의 없어서 외부에서 권위를 빌리려 한다는 것이다. 다른 하나는 기존 정치권에 식상한 국민이 권위를 가진 사람들을 선호한다는 것이다. 이러한 현상은 정당을 중심으로 하는 권력정치의 폐해에서 비롯되었다고 할 수 있다.

선거에서 당선된 우리나라 국회의원들은 4년 임기 동안에 국가와 국민을 위해 헌신적으로 봉사한 엘리트이자 투사였음을 증명하려 한다. 지역구의 유권자들에게 의정활동 보고대회를 여러 번 개최하면서 자신이 관여했던 제정법안이나 개정법안의 내용을 중심으로 보고하는 것이다. 사회적으로 이슈화되는 법안을 제외하면 거의 모든 법안은 소리 소문 없이 손바닥을 맞추면서까지 제정되거나 개정된다. 의원회관과 의원사무실을 드나드는 자본의 로비스트들의 마법상자 앞에서 국회의원들은 맥없이 쓰러진다. 국회의원들이 마법상자와 연결되는 입법활동의 이미지보다 다른 이미지를 선호하는 척할 뿐이다. 언론의 황색상품으로 팔리는 이미지로 마법상자의 고리를 끊는 척할 뿐인데, '보이지 않는 마법상자의 손'은 자본주의 시장을 좌지우지하는 '보이지 않는 손'에 불과하다.

권위를 가지고 있지 않는 지도자들이 국회에서 개회 선언에 사용되는 의사봉을 두고 종종 싸움을 많이 하곤 한다. 의사봉은 자본주의 시장을 좌지우지해 보겠다는 국회의 손이다. 의사봉은 회의를 주재하는 정치인들에게 권력의 상징물인 것처럼 보인다. 의사봉을 치는 이유와 그것도 세 번씩 치는 근거는 국회법이나 국회 운영과 관련된 그 어떤 규정에서도 찾을 수 없다. 단지 제헌국회 이래 각 단계마다 명확성을 기하기 위해 사용되어 온 관례에 불과하다.

 관례에 따라 사용되고 있는 의사봉을 없애버리면 어떤 일이 벌어질지 상상해 보자. 국가의 정책을 논의하는 모든 회의에서 회의를 주재하는 권력의 상징이 없어지게 되면 의사결정을 하지 못하는 일이 비일비재할 것이다. 대통령은 국무회의를 주재하지 못하고 판사도 재판을 진행하지 못하는 상황 때문에 국가가 혼란의 도가니에 빠져든다? 이런 혼란을 방지할 수 있는 상상적 방안이 있다. 국민이면 누구나가 국가의 정책을 논할 수 있게 의사봉을 동네 슈퍼에서도 구입하게 하여, 의사봉을 산 국민이 국회 본회의장이나 국무회의장에 찾아가 의사봉을 두드리면서 그 회의를 주재할 수 있도록 하면 된다. 하지만 국가권력은 의사봉을 국민에게 돌려주려 하지 않을 뿐만 아니라 국민에게 그것을 돌려주려는 권위를 가진 지도자가 우리나라에는 아직까지 없다.

 이처럼 권위를 가진 정치인은 자유민주주의 체제의 정당정치에서는 쉽게 만들어지지 않는다. 정당은 선거가 있을 때마다 자신의 후보결정 시스템으로 후보를 내세우고 국민은 그러한 후보와 정당을 지지하면 그만이다. 자유민주주의 체제는 권력의 정치만을 추구하는 후보자를 내세워 국민을 선거정치에 동원하려 한다. 국민의 직접적인 참여는 권위의 정치를 구축하는 최소한의 수단이다. 국민이 원하는 권위의 정치는 국민 스스로 정치의 주체임을 확인하는 과정에서 형성된다. 국민 모두가 정치인이어야 한다는 의미가 아니다. 국민 모두가 자신의 권력을 위임하고 실현하는 과정에서 또 다른 자신을 발견할 수 있어야 한다. 정치인 스스로도 국민과 일체감을 느끼고 확인해야 한다. 최소한의 방안은 정치인의 리더십을 다양하게 검증하는 다단계 시스템이다. 예를 들면, 국민이 299명의 국회의원을 선출하는 선거에서 정당과 무관하게 복합적인 다단계 방식의 후보들을 검증하여 선출하면 된다.

남아프리카공화국에서는 국회의원 후보로 나서려면 최소한 5번 이상의 인사검증시스템을 거쳐야 한다. 남아프리카공화국 국민은 이 과정에 인사검증 주체로 참여하게 된다. 남아프리카공화국은 1995년에 진실과화해위원회를 결성하여 과거사를 정리하였다. 그 힘은 국민참여 인사검증 시스템이었다. 남아프리카공화국은 진실과화해위원회 위원들을 다층적이고 복합적인 국민참여 인사검증시스템으로 선발하였다. 아프리카민족회의ANC 정권은 위원회의 위원들을 선발하기 위해 '정치활동의 경험이 거의 없는 인권운동가'들을 공개적으로 모집하였다. 이 과정에서 297명의 후보자들이 공개적인 심사과정을 거쳐 지명되었다. 그리고 남아프리카공화국 국회는 297명의 후보자들을 공개적인 청문회 방식을 거치고 난 이후에 45명의 후보를 선발하였다. 이들은 또 시민사회단체와 공개적인 인터뷰를 거쳤고, 이 과정이 언론에 공개되었다. 후보자 25명이 최종적으로 선발되는 과정이었다. 그리하여 만델라 대통령은 25명의 후보자 중에서 마지막으로 17명의 위원들을 지명하였다.

국민참여 인사검증시스템을 국회의원 후보를 결정하는 방안으로 도입할 수 있다. 지역주민들이 먼저 국회의원 후보선출위원회를 직접선거로 구성한다. 이 위원회는 주민들의 추천을 거친 수많은 후보자들을 접수받아 다양하고 복잡한 후보검증시스템으로 지역구 국회의원 후보를 복수로 추천하면 된다. 복수로 추천된 국회의원 후보들은 또다시 국민 전체의 직접선거로 구성된 전국국회의원선출위원회에서 다양하고 복잡한 후보검증

시스템을 거친다. 국민은 이러한 시스템을 거친 복수의 후보자들 중에서 다시 직접선거로 국회의원의 당선 여부를 결정하면 된다.

대통령 후보를 선출하는 과정도 마찬가지이다. 물론 이 과정에서 국민이 추천하는 요건을 갖추게 해야 한다. 정치인들은 항상 국민의 의식을 조작하려 하기 때문이다. 대통령이나 국회의원이 반드시 특정한 정당에 소속되어야 한다는 생각을 접으면 된다. 정당이 항상 권력을 추구하는 조직으로 존재할 이유는 없다. 권력과 무관하게 정당의 역할과 기능을 발휘하면 된다. 시민사회의 다양한 조직들이 권력을 가지지 않은 채 국가와 국민을 위해 활동한다. 대통령과 국회의원도 정당과 무관하게 자신의 역할과 기능만을 담당하면 된다. 이러한 시스템이 정착되는 순간 국민은 권위의 지도자를 만들 수 있다. 권위의 정치가 국민을 정치의 주체로 내세울 수 있다.

국민을 주인으로 섬기는 코뮌 리더십!

일반적으로 리더십이란 지도력, 지도적 지위, 지도자로서의 능력 등을 의미한다. 지도자와 추종자 간의 관계에서 나타나는 상호 간의 영향력이다. 수많은 학자들은 리더십을 다양하게 이해하면서도 통상적으로 한 집단 내에서 타인에 대해 권력이나 영향력을 행사하는 인간 상호관계의 한 과정이라는 점에 대해 동의한다. 리더십이란 첫째로는 집단의 활동을 하나의 공동목표를 향해 이끌어 나가는 한 개인의 행동이다. 둘째로는 한 사람이 다른 사람에게 그가 요구하거나 제안하는 대로 행동하면 결과가 개선될 것이라는 확신이 들도록 정보를 제공해 주는 사람들 간의 상호작용이다.

리더십을 이와 같은 일반론적 수준에서 규명할 경우에는 권위주의에서 탈권위주의에 이르기까지 모든 형태의 리더십이 포함된다. 정치적 리더십도 민주적 지도자만을 지칭하지 않는다. 정치적 리더십이 국민의 지지를 얻어서 정치적 목적을 실현해 나가는 통치기술로 규정될 경우에는 억압적 지배와 조작적인 대중 통치수단까지도 넓은 의미의 리더십을 구성하는 요소에 포함될 수 있다.

한 사람이 수십 년 동안 통치하는 국가를 대부분 독재국가라고 부른다. 자유민주주의 체제는 대부분 이런 국가를 공산주의 국가라고 비난한다. 단지 '악의 축'으로만 규정한다. 미국이 규정한 것이지만, 세계에 존재하는 악의 축은 대표적으로 북한, 쿠바, 이란 등과 같이 미국과 맞장을 뜬 국가들이었다. 악의 축인 국가들의 공통점은 미국에 저항하는 지도자의 리더십이 그 나라 국민에게 발휘되고 있다는 사실이다. 그 나라 국민이 미국에서 규정하는 것과 달리 자신의 지도자를 신뢰한다는 것으로 보아야 한다. 파시즘 체제도 대중을 동원할 수 있는 리더십이 요구된다. 물론 국민을 학살하는 권력의 정치도 있다. 리더십의 정치가 아니라 지배자의 정치에 불과하다. 지배자의 정치는 언제든지 국민의 정치로 무너진다. 리더십이 없는 상태에서 억압적 방식만으로 장기간 통치한다는 것 자체가 불가능하다는 것을 우리는 잘 알고 있다. 1970년대의 유신체제가 국민의 저항과 김재규의 총부리에 무너지고 1980년대 초반의 군부독재가 국민의 저항으로 무너진 우리나라의 역사가 증명한다. 리더십이 부재한 시대에 정치인들이 배우고 함양해야만 할 반면교사이다.

많은 사람들은 사회적으로 성공하려면 리더십을 갖추어야 한다고 강조한다. 리더십을 구성하는 요소도 성공한 사람들의 다양한 성향에서 추출한다. 가장 쉽게 말하는 성향 중에 하나가 육체적으로나 지적으로 활력이 있는 사람이다. 전문적인 지식을 갖추고 그것을 조직의 이해로 풀어낼 육체적 역량이 있는 사람이다. 아무리 지적 능력이 있더라도 체력이 뒷받침되어야 한다는 의미이다. 사람의 내적인 성향도 매우 중요하다. 자신의 의지를 관철시켜 낼 수 있는 성격이 있어야 한다는 것이다. 어떤 조직이든지 자신감과 책임감이 강한 사람, 혹은 용기와 의지가 강한 사람을 필요로 한다. 조직을 유지하는 데 중심적인 추의 역할을 담당하는 사람들이다. 그런데 조직은 한두 사람의 힘으로 자신의 목적을 실현하지 못한다. 조직은 유기적인 생명체와도 같다. 어느 한 곳만 아파도 몸 전체가 고통을 겪어야만 한다. 유기적인 리더십의 소유자들은 대부분 조직 내에서 인간관계를 원만하게 형성하고 상호 간의 소통을 중요시한다. 이 순간 조직과 조직원은 하나가 된다. 조직을 위한 자신의 행동이 자신을 위하는 길을 연다. 역으로 자신을 위한 행동이 조직을 위하는 길이기도 하다. 조직원 스스로 조직을 자기화하는 동력으로 작용하는 것이다. 조직과 조직원이 일체감을 형성하게 한다. 이러한 사람들은 보통 자신이 속해 있는 조직에서 능력을 발휘하거나 조직원들의 능력을 발휘하게 한다. 리더십의 구성요소들을 갖춘 사람들은 조직에서 요구하는 목표를 설정하고 그 목표를 실현하는 데 필요한 요건들을 아주 잘 만들어 낸다. 조직원들은 그러한 리더십을 갖춘 사람과 일체감을 형성하려 한다. 지도자에게 대리만족을 느끼는 것이 아니라 지도자의 리더십에 자신을 투영하는 것이다.

고대사회에서도 지도자의 리더십은 지적 탁월성과 도덕적 탁월성을 갖추고 있는 사람이 발휘하는 용기와 영민함 그리고 정의심 등이었다. 이러한 지도자는 사회구성원들의 동의에 기반을 둔 리더십을 발휘해야만 했다. 국민이 자신의 권력에 대해 자발적인 권위와 신뢰를 부여할 수 있어야 한다. 국민이 지도자를 타자화하지 않아야 한다. 국민이 자신의 권력에 대해 보조적 자율성이나 방관적 자율성을 발휘하지 않아야 한다는 의미이다. 그런데 관료주의적이고 권위주의적인 리더들은 국민의 보조적 자율성과 방관적 자율성을 조장하기도 한다. 국민을 수동적이고 의적적인 대상으로 떨어뜨리려는 리더십이다. 하지만 국민은 수동적이고 의적적인 타율성을 능동적이고 주체적인 자율성으로 전화시켜 왔다. 국가권력이 국민으로부터 나오는 동력이었다. 국민 스스로 주도적 자발성을 복원하고 확장하는 주체로 나서게 해야 한다. 현대사회에서도 지도자의 리더십은 사회의 개혁과 발전을 이룩하는 데 핵심적인 요소다. 특히 민주주의 이행과정에 있는 사회일수록 동의에 기반을 둔 탈권위주의적이고 민주적인 지도자의 리더십이 요구된다.

국민에게도 이러한 리더십의 특징을 갖춘 지도자가 필요하다. 국민을 권력의 힘으로 지배하는 리더십이 아니다. 국민 스스로 지도자의 리더십에 투영되는 권위를 의미한다. 우리나라 국민은 불행하게도 이러한 리더십을 갖춘 지도자를 아직까지 만나지 못하였다. 그래서 국민은 국민주권의 세상을 쉽게 만들지 못하고 있다. 리더십의 다양한 구성요소들을 보유하는 완벽한 지도자가 쉽게 출현하지 못하기 때문이기도 하다.

남아프리카공화국의 전 대통령인 만델라의 공동체 리더십은 권위를 어떻게 확보할 수 있는가를 잘 보여 주고 있다. 우리나라 정치 지도자들이 배우고 또 배워야 할 리더십이다. 정치학에서 리더십을 연구하는 학자들은 만델라의 리더십을 공동체 리더십이라고 규정한다. 만델라 리더십의 특성은 '하의상달, 상의하달, 토론 의무화, 만장일치 가결'이었다. 대통령직에 재임하는 동안 이러한 리더십을 발휘하였다. 대의제 민주주의 하에서 나타나기 힘든 리더십이다. 만델라는 자신의 리더십을 현실화하기 위해 상하 및 좌우로 '의사소통'을 일상화하였다. 만델라의 이러한 리더십은 또한 종족적 문화와도 연계되어 있다. 다양한 종족으로 구성되어 있는 남아프리카공화국의 흑인들은 바로 이러한 공동체적인 리더십을 토대로 종족을 운영해 왔으며, 현재도 마찬가지이다. 이러한 리더십은 '하나가 되는 남아프리카공화국, 인종과 종족 간의 차별을 해소하는 남아프리카공화국'을 건설해 나가는 동력으로 작용하였다. 이 리더십은 또한 인종과 종족 간의 화해와 통일만을 추구한 것이 아니라 성별과 세대별로 존재하던 차별을 극복하는 동력이기도 했다.

공동체 리더십은 지도자 스스로 권력을 박탈하는 정책결정의 시스템으로 구축되었다. 국가정책이 하의상달, 상의하달, 토론 의무화, 만장일치 가결로 결정되고 집행될 경우 대통령이든 국회의원이든 자신의 권한만을 앞세우면서 국민주권을 유린하지 못할 것이다. 공동체 리더십 자체가 권위에서 발현된다는 점을 고려하면 국가정책의 결정시스템을 헌법으로 규정하여 법률로 제정할 경우에는 권위가 있는 지도자도 양성될 수 있고 국민이 직접 국가정책을 형성하고 수립할 수 있다. 특히 이 제도가 다양하고 복잡한 검증시스템을 거쳐 국가의 지도자를 국민이 직접 선출하는 제도와 함께 결합된다면, 국민주권은 형식적이고 형해화된 헌법상의 권리만으로 존재하는 것이 아니라 국민의 생활 속에서 실질적인 국민의 권력으로 투영될 것이다.

국민주권은 공동체 리더십의 지도자에게 권위를 부여하는 과정에서 실현된다. 국민주권은 국민 스스로 권위의 정치에 대한 자기활동이 최고 수준에 이르렀을 때 실현된다. 국민 스스로 자신의 권력을 타자화하지 않는 자기권력화할 때이다. 국민은 자신의 권력을 주체화하고 또한 자신의 지도자에게 권위를 부여하게 된다. 국민은 권위의 정치를 실현하는 지도자에게 자신의 주권을 투영하는 것이다. 국민은 권위를 가지고 있는 지도자의 정치를 지지하거나 자발적으로 참여한다. 물론 참여의 자발성과 관련된 형태도 다양하게 구분될 수 있다. 그것은 주도적 자발성, 보조적 자발성, 방관적 자발성 등으로 구분된다.

   그렇지만 국민이 자신의 권리들을 자기화했을 경우 국민은 권위의 정치에 대한 자발성을 드러낸다. 권력의 주체가 대상으로 전락하는 것이 아니라 주체로 존재한다. 국민은 2008년 촛불에서 자기권력화의 한 모습을 드러냈다. 국민의 능력은 우리나라의 민주주의 그 자체였다. 위임된 권력을 제대로 행사하지 못하는 대통령에 대한 국민의 호령이었다. 국민은 말로만 하는 국민의 머슴, 국민의 심부름꾼, 국가와 국민을 위한 일꾼 등을 거부하였다. 국민 스스로가 주인이었고 지도자였다. 국민이 원하는 지도자는 바로 이러한 공동체 리더십을 보유해야만 한다.

특권정치와 민주주의

정치인의 무한면죄부와 무한특권?

〈가문의 영광〉이라는 영화가 있다. 그 영화를 보면서 우리나라의 정치 풍토가 연상된 것은 나만의 오류였을까? 허구적인 구성을 관객 마음대로 재구성해 본다면, 조직폭력배 가문의 큰 형님과 현직에 근무하고 있는 검사가 결혼하게 되는 영화의 구성은 권력의 중심부에 진입하는 순간에 '과거를 묻지 마세요!' 라는 역사적 현상을 반영하는 듯했다. 영화가 그저 영화에 불과한 것처럼 현재의 영광스러운 권력이 과거의 오류에 대해 면죄부를 부여하면 그만이었다. 그 수단은 바로 정치권력의 무한한 특권이다.

국민의 권리를 위임받은 사람들은 다양한 특권을 보유한 상태에서 국민의 권리를 대표하려 한다. 면책특권이 대표적인 경우이다. 현행범인 경우를 제외하고 국회의 회기 중에는 체포되지 않고 위임권리를 행사하는 과정에서 행한 모든 행위에 대해서 책임을 지지 않는 특권이다. 면책특권은 그들이 국민의 권리를 행사할 때 행정부나 사법부 혹은 지배정당이 탄압하는 경우를 예방하는 데 주요한 목적이 있다. 면책특권이 정의롭게 사용된다면 이것은 국민의 권리를 위임받은 사람의 특권이 아니다. 국민의 권리를 보호하는 최소한의 특권이다. 그러나 면책특권은 부적절하게 사용되는 경우가 많다. 국민의 권리를 위임받은 사람이 불법적 행위를 저지르고도 국회가 회기 중이라는 이유를 내세우거나 정치적 탄압이라고 외치면서 체포되지 않거나 소환에 불응하는 경우가 허다하다. 권력을 보유한 사람들이 국민을 위해 사용해야만 할 권한을 악용하곤 한다.

이렇게 악용되는 면책특권은 법을 제정하고 개정하는 사람이 법을 지키지 않는다는 사회적 여론 때문에 무력화되기도 한다. 하지만 입법과정에서 악용되는 면책특권에 대해서는 그 누구도 통제하거나 간섭할 수 없다. 국회의원들은 면책특권을 가지고 있는 이상 국회에서 국민주권을 유린하는 입법활동을 한다 하더라도 그 누구로부터 책임을 요구받지 않는다. 국민은 단지 그러한 국회의원에게 책임을 묻기 위해서는 다음 선거를 기다려야만 한다.

대통령이나 관료들도 마찬가지이다. 우리나라는 정책실명제를 도입하였다. 국가정책의 자료에 기획하고 집행하는 사람들의 이름이 기재된다. 누가 국가정책을 기획하였는지조차 몰랐던 시대와 비교하면 정책실명제는 분명히 행정부의 관료주의를 극복하는 하나의 수단임에 틀림없다. 그러나 우리나라 정책실명제는 무늬만 책임제였다. 국가정책이 잘못 결정되어 국민에게 엄청난 피해를 끼친다 하더라도 그들은 직무상의 책임을 지지 않는다. 국민의 세금을 엄청나게 낭비하더라도 그만이다. 체포되지 않거나 소환에 불응하기 위해 면책특권을 악용하는 것보다 더 큰 범죄행위가 합법적인 입법활동이나 국가정책의 면책특권으로 악용될 수 있다.

입법권의 면책특권은 국민의 의지와 무관하게 그들 스스로 만들었다. 그들의 권력을 보존하는 수단에 불과하다. 형식적으로는 3권분립 체제에서 입법권을 유지하는 수단이다. 실질적으로는 입법권에 대한 국민의 통제에서 벗어나는 수단이다. 허나 국민에게 손해를 가져다 주는 법을 만들어도 면책특권의 일환이다. 국민이 반대하는 법을 만들어도 국회의원만의 특권이다. 국회의원들은 어떠한 법이든지 국민의 의지와 무관하게 자신의 의지를 관철시키려 한다. 이것이 바로 면책특권의 실질적인 목적이다. 이러한 면책특권 자체를 아예 폐지하는 것이 최선의 방법임에 틀림없다. 국민주권을 확실하게 실현하기 위해 입법활동을 하는 국회의원들도 존재한다는 점을 고려해서 대안을 상상할 수 있다. 국민이 직접 국회의원의 입법활동을 통제할 수 있는 방안 중에 하나가 고대 아테네 민주정의 '비합법성 기소제도'이다.

곽준혁 교수는 비합법성 기소제도의 유의미한 점을 강조하고 있다. 아테네에서는 법을 잘 만들지 못하는 대표자를 기소하는 제도가 있었다. 민회 또는 평의회에 제출된 법령안이나 이미 집행 중인 법이 아테네 민주정이 지향하는 일반적이고 영구적인 법률 또는 국가의 안위와 공공의 복지에 위배될 때 법안의 최초 발의자는 기소된다. 이 제도는 민주정이 지향하는 헌법의 원리를 법령이 위배하지 않게 하였다. 또한 민회 또는 평의회의 의원들이 입법권을 사적으로 악용하지 않게 하였다. 아테네에서는 비합법성 기소제도가 도입되자마자 수많은 기소가 이루어졌다. 아테네에서는 비합법성 기소가 접수되면 사법관위원회는 즉시 인민법정을 개최해야만 했다. 이때 비합법성 기소는 민사소송과는 달리 공적소송으로 사건의 정치적 비중에 따라 최소 501명, 최대 6,001명의 배심원으로 구성하여 재판을 진행하였다. 비합법성 기소제도는 아테네의 최고법정이나 사법관위원회가 직접 평결하는 것이 아니라 인민법정의 배심원에 의한 헌법재판이 확정된 4세기경부터는 매우 빈번하게 사용되었다.

    이 제도는 현대사회에서도 아주 쉽게 적용할 수 있다. 법령안이나 법령이 국민주권을 침해하거나 유린할 경우에 법안의 최초 발의자를 국민이 기소하면 된다. 기소된 법안 발의자도 법원에서 심판을 받는 것이 아니다. 국가기구에 소속된 법원이 심판을 하는 것이 아니다. 국민이 재판을 한다. 국민재판기구가 국민의 직접선거로 구성된다. 국민재판기구의 심판원도 소수가 아니다. 아주 많은 사람이 참여해야 한다. 국가기구와 무관한 상태에서 국가기구를 심판할 수 있는 국민주권기관이다. 우리나라는 이 제도를 적극적으로 모색해야 한다. 국회는 매년 수많은 법을 제정하거나 개정한다. 그 법이 국민에게 도움이 되는지 이익이 되는지 잘 알지 못한다. 국회의원과 로비스트만이 알고 있다. 국민은 많은 시간이 지나고 나서야 자신에게 아무런 도움이 되지 않는다는 것을 알게 된다. 오히려 자신에게 해만 끼치는 법 때문에 고통을 받아야만 한다. 법치주의라고 하는 것은 곧 악법도 법으로 인정하는 것이기 때문이다. 국민은 법치주의를 전복할 권리를 가져야 한다. 악법은 법이 아니다. 악법의 여부를 판단하는 권력은 국민에게 있다. 악법을 만든 사람들은 국민에게 무한한 책임을 져야 한다. 국민은 악법을 제안하고 그 법에 찬성한 사람들을 기소할 수 있어야 한다. 기소된 사람들을 재판하는 주체도 국민의 직접선거로 선출된 배심원들이다. 이것이 바로 비합법성의 기소제도이다.

1만 명으로 구성되는 국회!

　선거가 있을 때마다 언론의 단골 메뉴 가운데 하나가 유권자의 차이 문제다. 농촌의 어떤 선거구 유권자는 약 5만 명에 불과한데 도시의 어떤 선거구 유권자는 20만 명이 넘는다고 지적하면서 국회의원의 대표성 여부를 제기한다.
　한 명의 국회의원이 수십만 명에 달하는 유권자들의 권리를 실현하는 것 자체가 불가능하다고 불평한다. 국회의원들의 불평불만을 해소할 수 있는 방안이 있다. 국회의원 한 사람이 소수 국민의 권리를 위임받는 제도를 만들면 된다. 299명의 국회의원이 그렇게 힘들어하면서 약 3,800만 명에 달하는 유권자들의 권리를 실현하려 하지 말고, 국회의원을 1,000명으로 늘려 국회의원 1인당 3만 8,000여 명의 유권자들로부터 권리를 위임받으면 된다. 이마저 힘들면 국회의원을 1만 명으로 늘려 1인당 3,800여 명의 유권자로부터 권리를 위임받으면 어떨까? 국민의 권력을 중심으로 하는 국회가 만들어질 수 있는 것이다.
　이렇게 무지막지한 상상력에 머리에 띠 두르고 반대할 사람들이 많다. 시민사회단체가 외환위기 당시에 국가지출비용을 줄이는 차원의 정치개혁방안으로 국회의원 수를 대폭 축소하자고 했었다. 국회의원 수를 확대하자는 것에 비난의 목소리가 줄을 이을 것은 불을 보듯 뻔하다. 국회의원들도 소수특권화라는 본심을 베일에 가려둔 채 운영의 비효율성과 비용의 증가라는 점을 들어 비난의 대열에 합류할 것이다.
　국회의원 1인에게 얼마나 많은 세금이 투여되고 있는가를 정확하게 아는 사람은 드물다. 정당에 대한 국고보조금을 제외하고 2007년 한 해 동안 299개 의원실에 투입된 직접예산은 1,441억 1,000만 원이고, 제17대 국회 4년(2004~07년) 동안 299개 의원실에 투입된 직접예산은 5,764억 4,000만 원이다. 국회의원들에게 어마어마한 돈이 들어간다. 이 돈은 국회의원들의 입법활동에 필요한 예산이자 국회의원들에게 월급으로 지급된 예산일 것이다.

국회의원이나 지방의원들이 세비를 늘리려다 언론의 질타를 맞는 경우가 많았다. 대체 얼마나 많은 세비를 받고 있기에 그런 질타를 받아야만 한단 말인가? 국회의원도 일을 하려면 돈이 있어야 하고 월급을 받아야 가족들의 생활을 유지하면서 업무에 충실할 텐데 왜 그렇게 난리를 치는 것일까? 의문은 또 다른 의문의 꼬리가 되어 국회의원 1인에게 월 지급되는 국민의 세금을 구체적으로 계산해 보았다. 국회의원 1인에게 매월 지급되는 국민의 세금은 약 2,400만 원 이상이다. 2009년도 최저임금 90만 4,000원을 받고 살아야만 하는 국민, 특히 비정규직 노동자들과 비교할 때 정말 어마어마한 세금이 국회의원 1인에게 들어가고 있다.

더욱이 국회의원 1인에게 부여되는 기본적인 특권은 보좌관이나 비서관으로 보좌할 수 있는 5명의 인재뿐만 아니라 각종의 활동에 필요한 예산을 국가로부터 지원받을 수 있다. 국민 모두가 알고 있는 특권들이다. 국민은 오히려 국회의원이 되었으면 그 정도의 특권은 누릴 자격이 있다고 생각하기도 한다. 국회의원 스스로도 그 정도의 특권 없이 어떻게 국회의원을 하겠는가라고 생각하는 경우가 많다. 국회의원 1인의 권한으로 5명의 인력에 대한 예산을 세금에서 지원받을 수 있다. 이러한 인력은 별정직 공무원들이다. 이들은 보통 4급부터 9급에 해당한다. 공무원 보수규정에 따라 보수를 받으면서 국회의원을 보좌하고 있다.

국회의원들이 입법활동에 필요한 인력을 제공받는 것에 대해서는 국민주권의 실현을 위해 전문적인 역량을 지원하는 것으로 인정할 수 있다. 하지만 그러한 인력을 국회의원의 개인적인 입법활동만을 지원하게 하는 것은 특권이다. 국가가 입법활동의 전문 인력들에게 보수를 지원하고 있는 이상, 그들은 국회의원 1인에게 소속되어 활동해야 하는 것이 아니라 최소한 국회라는 입법기구에 소속되어 활동해야 한다. 아니면 국민의 직접선거로 선출되어 구성된 '국민입법지원위원회'와 같은 특별기구에 소속되어 활동해야 한다.

국회의원이 매년 연봉으로 3억 원에 가까운 보수를 받고 차량유지비까지 지원받는 것은 그야말로 특권이 아닐 수 없다. 물론 국회의원들은 정치활동에 필요한 돈이 부족해서 매년 후원금까지 받아가면서 입법활동을 하는데 3억 원 정도의 연봉을 특권이라고 하느냐고 항변할 것이다. 그러나 국민은 그렇게 생각하지 않는다. 돈 많은 사람들이 정치하면서 무슨 월급을 그리 많이 받고 있는지 의아해 한다. 국회의원이 국민을 위해 무료로 봉사하면 어떨까? 국민은 국회의원들이 의원회관에 앉아서 입법활동만 하면 되지 무슨 돈이 그리 필요한가라고 되묻지 않을 수 없다.

시민사회단체든 국회의원이든 비용을 축소하는 방안을 국회의원이 누리고 있는 각종의 특권과 권한을 폐지하는 차원에서 모색하지 않는 점이 안타깝다. 우리는 소수의 국회의원이 밀려오는 민원 때문에 힘들어하면서도 국회의원의 수를 늘리지 않는 이유를 비용의 문제가 아니라 그들만의 특권을 유지하기 위한 것이라고 상상할 수 있다. 소수특권화가 가지고 있는 장점을 내팽개칠 국회의원들이 아니다. 소수특권화의 힘은 국민을 위하는 것이 아니다. 국민이 자신의 권력으로부터 소외되는 구조이다.

국회의원이 국민을 권력으로부터 배제하는 것이다.

① 각종의 권한을 소수에게 집중해서 정치세력을 보다 블록화할 수 있다. 권리를 위임받은 사람들 간의 정치적이고 인간적인 관계를 구축함과 동시에 지배적인 정치엘리트의 재생산을 더 쉽게 추구할 수 있다. ② 정치적 지배세력에 대한 국민의 경외심을 불러일으킬 수 있다. 일상적인 생활의 공간에서 정치권력에 의존하거나 두려워하는 의식을 형성하는 과정이기도 하다. ③ 정당이나 정치세력 간에 발생하는 갈등을 서로 주고받기 식의 방식으로 조정하기가 쉽다. 국민을 위해 정치력을 발휘하거나 큰일을 한 것처럼 서로가 주목받을 수 있다. ④ 소수를 중심으로 정치적 생산성과 효율성의 논리를 극대화할 수 있다. 국민이 직접 참여하는 정치가 비생산적이고 비효율적이라는 것이다. 다수의 정치를 배제시키는 과정이다. ⑤ 다수가 권한을 가지는 것보다 소수가 보유하면서 다수 국민의 권리를 소외시킬 수 있다. 정치권력이 사회화되는 과정을 봉쇄하는 구조이다. 국민에겐 선거라는 일회용 권리만을 부여한다.

권한이나 특권이 없으면 국민주권의 대표자로 활동하기 어려운 것일까? 자유민주주의공화국이 아니더라도 정치체제는 존재한다. 근대적 문명을 경험하지 못한 아프리카의 원시적 공동체 사회에 가서 확인할 수 있다. 원시적 정치체제도 공동체 구성원들의 행복한 삶을 지향하기 위해 권력을 유지한다. 위계적인 권위나 권력관계의 부재, 국가의 부재라는 것 때문에 사람들은 아프리카를 무의식적으로 폄하한다. 생활의 여유를 갖지 못하는 자본주의의 큰 병폐이다. 놀면서도 먹고살 수 있다. 놀다가 배고플 때 집으로 찾아들어 오는 아이들이 그렇다. 부모의 노동력에 의존하는 자본주의와 다르게 그들의 배고픔이 사회적으로 해결될 수 있다. 그것은 생산활동에 많은 시간을 투여하지 않아도 되는 사회적 생계경제에서 가능하다. 이러한 사회에는 권위의 정치만이 존재한다. 국민은 바로 직접민주주의 정치체제의 힘이다. 권위의 정치를 실현하기에 가장 적합한 제도는 우선 국회의원의 수를 만 명으로 확대하는 것이다. 대신에 권한이 권력으로 작동하게 되는 소수특권화 제도를 폐기하고 또한 국회의원에게 회의활동비만을 지급하는 제도를 도입하는 것이다. 우리나라의 지자체 의원제도에서 회의활동비만 받겠다는 무료봉사의 정치가 지금은 사라졌지만, 그러한 무료봉사의 정치를 제도적으로 정착시킬 경우에 권위의 정치는 그 싹을 틔울 것이다.

무료봉사하는 대통령!

대통령은 최고통치권자로서 무한한 권한과 특권을 헌법이나 법률로 보장받고 있다. 굳이 일일이 열거할 필요조차 없다. 대통령 특수활동비도 청와대 전체 예산의 10%였다. 노무현 전 대통령은 거의 매년 약 70억 원 정도를 특수활동비라는 명목으로 영수증도 없이 사용할 수 있었다. 아마도 특수활동비는 지배권력의 네트워크를 구축하는 비용이었을 것이다. 우리나라의 전직 대통령들도 그 규모에 약간의 차이가 있었을지라도 특수활동비를 당연시했다. 개혁과 민주주의를 앞세웠던 사람들이 도덕불감증이라는 무덤을 스스로 팠다. 소위 87년체제를 앞세워 개혁적이라고 자처했던 대통령 주변의 수많은 사람들도 마찬가지였다. 대통령 특수활동비나 국가권력 특권예산의 수혜자가 되려 했을 것이다. 민주주의와 개혁의 외피를 쓴 부르주아 정치의 금권정치가 만연되어 있다.

'전직 대통령 예우에 관한 법'에 따르면, 전직 대통령은 죽을 때까지 현직에 있을 때 받았던 임금총액의 95%에 상당하는 연금을 지급받는다. 전직 대통령이 사망한 경우에는 배우자에게 대통령 보수 1년 총액의 70%를 유족연금으로 지급한다. 배우자가 없거나 사망한 경우에는 전직 대통령의 30세 미만의 유자녀와 30세 이상의 유자녀로서 생계능력이 없는 자에게 지급한다. 전직 대통령은 자신이 추천하는 3명을 비서관으로 둘 수 있다. 1명은 1급 상당, 2명은 2급 상당 별정직 국가공무원으로 한다. 또 전직 대통령이나 그 유족에 대해 필요한 기간의 경호·경비, 교통·통신 및 사무실 제공 등의 지원, 본인과 가족에 대한 치료 등의 예우를 할 수 있다. 이 밖에 민간단체 등이 전직 대통령을 위한 기념사업을 추진하는 경우에는 관계법령에 따라 필요한 지원을 할 수 있다.

참으로 많은 정치인이 대통령 한번 해 보려고 안달하는 이유를 조금은 이해할 수 있을 것 같다. 재직하는 동안에는 무소불위의 권력을 행사할 수 있고 퇴임하고 나서는 죽을 때까지 노후걱정을 하지 않아도 된다. 모든 국민이 6개월에 한 번씩 돌아가면서 대통령 한 번 하고 매달 1,500만 원 내외의 연금을 죽을 때까지 받으면서 살다가 죽는 상상만으로도 즐겁고 행복하다. 그런데 전직 대통령 중에서 재임 기간에 권력을 부정하게 사용하여 구속되거나 자살하기도 했다. 자신이 아니라 연고관계에 있는 사람이 대신 구속되기도 하였다. 부정한 돈을 주고받은 경우이거나 국민을 학살한 경우들이다. 각종 게이트로 표현되는 사건들이다. 그런데 이러한 사건들은 대부분 은밀한 밀실에서 진행된다. 국민은 부정부패 사건들을 그저 정치보복의 일환에서 벌어지는 권력투쟁의 일부로 인식한다.

부정부패를 근절시킬 수 있는 대안이 있다. 감옥에 가두는 것이 대안이 아니다. 잠시 감옥에 있다가 사면을 받으면 그만이다. 부정부패로 벌어들인 돈은 이미 다른 창고에 쌓여 있을 뿐이다. 가장 간단하면서도 손쉬운 대안은 대통령의 특수활동비와 임금 그리고 연금을 토해내게 하면 된다. 국민이 부정부패를 저지른 전직 대통령의 모든 재산을 압류하여 처분하면 된다. 자신의 재산이 없으면 사돈에 팔촌의 재산도 압류해서 처분하고 그 돈을 어떻게 쓸 것인가를 또다시 고민하면 된다. 물론 기득권 지배세력들은 그들만의 법과 제도대로 하자고 할 것이다. 연좌제를 대안으로 말한다고 비판하는 사람들도 있을 것이다. 우리나라는 그동안 기득권 지배세력이 국민을 대상으로 연좌제를 적용해서 문제가 되었다. 가족 중에 한 사람이라도 국가보안법을 위반하면 가족구성원 모두가 국가보안법을 위반한 꼴이 되었다. 특히 반체제적인 활동의 이력은 대를 이어서 적용되었다. 이제는 국민이 기득권 지배세력에 연좌제를 적용해야 한다. 법을 너무 잘 알고 있어서 법망을 교묘하게 피하면서 살아가는 그들을 국민이 지배해야 한다. 또 다른 대안은 부정부패를 저지른 사람에게 선거권과 피선거권을 죽을 때까지 박탈하는 것이다. 이 외의 다양한 권리도 박탈하면 된다. 인간으로서 누려야 할 기본적 권리를 국민이 제한하자는 것이다. 예를 들면, 거주 이전의 자유까지 제한하는 방법을 적극적으로 모색해야 한다.

대통령은 자신의 권한을 악용하기도 한다. 이들은 직무와 무관하게 불법행위를 저지르고도 특권을 내세워 법적 심판을 받지 않으려 하기도 했고, 직무를 이용하여 국민주권을 억압하기도 하였다. 대통령에게 업무에 필요한 최소한의 권한만을 부여하고 업무와 무관하게 부여된 부차적 권한들을 폐지한다 해도 정치하겠다고 나서는 사람들이 지금처럼 많을까? 권한을 주지 않아도 국민을 위해 봉사하겠다고 나서는 사람들은 오히려 국민 속에 있다. 자기 돈을 쓰면서도 권한을 요구하지 않은 채 국민을 위해 봉사하는 생활이 진정한 정치이고, 그들이 바로 권위를 가지고 있는 정치인이다. 권한과 특권을 버리는 권력만이 국민주권을 실현하는 지름길이다. 상상 속의 또 다른 대안이다.

대통령의 권한을 아주 최소화할 수도 있다. 대통령은 그저 국가의 얼굴에 불과한 권한만을 부여하면 된다. 형식적으로는 대통령인데 실질적으로는 '종이호랑이'로 존재하게 하는 것이다. 아무도 대통령을 하지 않을 것이라고 걱정하지 말자. 만약 우리나라에서 대통령제가 유지된다면, 5년 동안 1명의 대통령이 아니라 10명의 대통령이 국민을 위해 봉사하게 하는 제도도 국민주권을 실현하기에 적합한 상상적 대안이 될 수 있다. 대통령은 6개월 동안 그저 국민을 위해 무료로 봉사한다. 그 대가는 국민의 신망과 명예이다. 대통령을 6개월마다 교체하는 방법도 간단하다. 복잡한 선거절차를 거칠 필요도 없다. 대통령을 선출하는 제도를 아예 바꾸는 것이다. 추첨제나 순번제가 적극적으로 도입될 필요가 있다. 전체 유권자에게 동등한 기회를 부여하는 차원에서 대통령을 선출하는 제도이다. 전체 유권자 중에서 추첨을 하거나 순번제로 대통령을 뽑자는 것이다. 물론 추첨제든 순번제든 일정한 절차를 제도화하여 그 대상을 5년에 한 번씩 국민이 직접 선출하고, 그 대상들 중에서 추첨과 순번으로 대통령을 선출하는 것이다. 스위스의 경우, 행정부는 정무(외교), 내무, 사법과 경찰, 국방, 재정과 관세, 경제, 교통과 체신의 7부의 각료로 구성되어 있고, 각료들은 연방협의회라는 틀로 정부를 운영하면서 협의회의 대표를 호선제로 돌아가면서 하고 있다. 전직 대통령에게 주어지는 모든 특권은 기본적으로 폐지되어야 하지만, 모든 국민이 대통령을 한 번씩 돌아가면서 하는 국가가 되면 모든 국민이 전직 대통령이라는 특권으로 노후를 걱정하지 않으면서 행복하게 살다가 죽을 수 있지 않을까?

정당 국고보조금과 민주주의

위헌적인 정당 국고보조금?

우리나라 헌법 제8조 3항에 따르면, 국가는 정당을 보호하면서 정당운영에 필요한 자금을 국민의 세금으로 지원할 수 있다고 규정하고 있다. 정당은 헌법상의 조직이지만 조직의 성격상 사단법인이다. 국가는 정당만이 아니라 사단법인인 수많은 시민사회단체들을 지원하고 있다. 우리나라의 국고보조금은 공익적 이익을 위해 조직된 사단법인이라고 정부가 판단하면 지급된다. 국가는 시민사회단체나 자유민주주의총연맹 또한 재향군인회와 같은 사단법인에도 많은 예산을 지원한다. 민주노총이나 한국노총도 국가로부터 많은 돈을 지원받고 있다. 모든 국민이 사단법인을 만들어 국가로부터 돈을 지원받을 수 있다.

이들 단체들이 국고보조금을 받아야 할 이유가 있는 것인가? 단체들은 공익적 사업을 하면서 정부가 준 돈을 아주 자유롭게 쓸 수 있는 것은 아니다. 하지만 그러한 단체들은 국가가 요구하고 관리하는 사업에 한에서 예산을 지원받는다. 국가권력의 지지기반이 사회적으로 형성되는 과정이다. 공익단체들은 국고보조금을 받으면서 정권의 호위병으로 전락하기도 하였다. 국가권력은 국고보조금을 지속적으로 제공할 것인가의 여부를 결정할 권한을 가지고 있기 때문이다. 대부분의 국가는 정당에 국고보조금을 지원하지 않고 있다. 우리나라는 국고보조금을 언제부터 얼마나 지원하고 있는 것인가?

우리나라의 정당 국고보조금 제도는 전두환 전 대통령이 자신의 정치자금을 확보하는 전략이었다. 또한 1980년 광주학살을 문제시하는 정치세력을 포섭하는 전략과 긴밀한 상관관계가 있었다. 1980년 12월 31일 신군부가 주도하던 국가보위입법위원회는 정치자금법 제3차 개정과정에서 정당 국고보조금 제도를 일방적으로 만들었다. 이는 신군부세력이 향후에 건설할 정당의 정치자금을 확보하는 법적 근거로 작용하였다. 신군부세력은 상대적으로 호의적인 민주한국당 및 여타 정치세력들을 포섭하기 위한 수단으로 사용하였다. 정당 국고보조금 제도는 1980년 12월 당시, 12·12쿠데타 세력들이 입법의 주체인 국회를 해산시키고 법률 개정의 권한조차 없는 상태에서 만들었다. 참으로 위헌이었던 제도가 지금은 모든 정당이 침묵으로 일관하고 있는 합헌적 제도이다. 1980년대 중반의 평화민주당이나 통일민주당도 위헌적 제도를 침묵으로 일관하였다. 두 정당은 국민 앞에선 민주주의를 외치면서도 위헌제도를 방관하였다. 국고보조금은 국민의 혈세로 정당을 운영하는 운활유였기 때문이다.

국고보조금 제도는 '목초지의 비극'을 재촉한다는 점에서 정의롭지 못하다. 정치인들은 혈세를 주인 없는 무주공산無主空山의 목초지처럼 생각한다. 자신의 이익을 위해 목초지를 황폐화하는 목축인들과 비슷하다는 점에서 매우 정의롭지 못하다. 목초지의 비극의 원인이 목초가 주인 없는 무상재였다는 데 있다. 방어적 이유를 내세웠든 공격적 이유를 내세웠든 목축인들은 이기적이고 근시안적이었다. 국고보조금으로 유지하고 있는 정당들은 목초지를 황폐화하는 목축인들로 비유되고도 남음이 있다. 1971년 롤즈가 《정의론》에서 "정의야말로 제도 구축에 있어서 최고의 덕목"이라고 지적했다. 어떠한 제도든지 구축되는 과정과 운영이 정의로워야 한다는 의미이다. 그렇지 못하다면 국민 모두가 그 제도에 복종할 필요가 없을 뿐만 아니라 오히려 그 제도를 폐지시켜야 한다.

전두환 전 대통령과 1980년대의 정치인들은 정치활동의 비용을 국민의 호주머니에서 빼내기로 합의하였다. 지역 중심의 거대 보수양당제를 구축하는 과정이었다. 1987년 6월항쟁과 7~9월 노동자대투쟁의 힘이 진보적인 정치세력으로 성장할 수 있을 것이라는 위기감도 작용했다. 또한 제도권의 보수정당을 활성화시켜 거리로 뛰어나오는 국민의 정치적 힘을 완화시키자는 의도도 작용하지 않았을까?

위헌적 제도를 폐지시킬 수 있는 기회도 있었다. 국민이 만들어 낸 1988년 여소야대 국회였다. 여소야대 국회는 1987년 12월 대통령 직접선거에서 민주항쟁의 염원을 계승하지 못한 한풀이 장이었다. 민주주의에 대한 국민의 열망을 담아낸 용광로이기도 했다. 1987년 대통령 선거에서 군부 출신의 노태우 후보가 당선되자 1988년 국회의원 선거에서 야당을 거의 무조건적으로 지지하였다. 노무현 전 대통령을 청문회 스타로 만들고 전두환 전 대통령을 백담사로 유배시킨 여소야대 국회에 국민은 박수를 보냈다. 그런데 야당 국회의원들은 국민의 박수와 지지를 사적으로 악용하였다. 여소야대 국회의 국회의원들은 정당 국고보조금 제도를 폐지하는 것이 아니라 오히려 국고보조금 지원액을 인상하였다. 1989년 12월 30일, 국회는 여야 합의로 정치자금법을 개정하였다. 그 핵심 내용은 정당후원회 확대와 국고보조금을 인상하는 것이었다.

국민은 국가가 정당에게 보조금을 왜 제공해야 하는지 잘 모른다. 정당도 마찬가지일 것이라고 생각한다. 그저 정치자금법에서 규정한 대로 보조금을 받으면 된다. 그 돈이 어떻게 사용되는가도 관심을 갖기 힘들다. 세금은 국가의 돈이지 국민의 돈이 아니라는 생각도 작용했을 것이다. 정당은 국고보조금의 사용처에 대해 어떻게든 서류를 만들어 선거관리위원회에 보고하면 그만이었다. 선거관리위원회도 딱히 국고보조금의 사용문제를 구체적으로 통제하고 관리할 권한이 없다. 말 그대로 눈 먼 돈을 서로 주고받는 공생관계만이 있었다. 정치인들은 이러한 약점을 역사적으로 악용해 왔다. 정당에 대한 국가의 경상보조금과 선거보조금은 현재 정치자금법 제25조와 제26조, 그리고 제27조에 따라 지급된다. 정당 국고보조금은 선거가 있는 해에는 선거보조금을 유권자 1인당 국고보조금 계상액을 두 배로 늘려서 지원하고 있고, 여성후보자를 추천하는 정당에 지급하기 위한 보조금도 선거권자 총수에 100원을 곱한 금액이 계상되어 지원된다. 정치자금법 제27조에 의하면, 지급할 당시 동일 정당의 소속의원으로 교섭단체를 구성한 정당에 대해서는 100분의 50을 정당별로 균등하게 분할하여 배분·지급하고, 교섭단체를 구성하지 못하였지만 5석 이상의 의석을 가진 정당에 대해서는 100분의 5씩을, 의석이 없거나 5석 미만의 의석을 가진 정당에는 100분의 2씩을 배분·지급하고 있다.

정당들은 1981년부터 매년 엄청난 돈을 지원받아 왔다. 1981년부터

1999년까지 지원받은 돈은 모두 3,886억 원이고, 2001년부터 2008년까지 지원된 국고보조금 총액은 약 4,245억 원 이상이다. 1981년부터 1999년까지 선거가 있었던 때에는 총 1,788억 원의 선거보조금이 지급되었다. 선거가 없었던 때에는 총 2,098억 원의 경상보조금이 지급되었다. 1994년 이후에는 매년 유권자 1인당 800원이 정당으로 지원되고 있다. 지자체선거가 있었던 1995년에는 유권자 1인당 1,600원의 돈이 계상되어 한 해에만 약 1,000억 원에 가까운 돈이 지원되기도 했다. 1995년부터 1999년까지 각 정당은 국고보조금으로 기본경비와 인건비 등을 지출하고 있다.

2008년 말 현재 민주노동당과 진보신당도 국고보조금을 받으면서 정치활동을 하였다. 민주노동당의 재정 상태가 어려우리라고 짐작한다. 그러나 진보적인 제도권 정당으로 자리 잡으려는 민주노동당이나 진보신당에게 국고보조금을 받지 말라고 권하고 싶다. 2008년 민주노동당과 진보신당이 받은 국고보조금은 약 61억 정도였다. 이들 정당은 진보정치를 내세우면서도 위헌적이고 불법적으로 개정된 정치자금법을 인정하고 있기 때문이다.

이렇게 지원된 국고보조금은 정당운영에 사용된다. 인건비, 사무용 비품 및 소모품비, 사무소 설치·운영비, 공공요금, 정책개발비, 당원 교육훈련비, 조직활동비, 선전비, 선거관계비용 등으로 사용할 수 있다. 국고보조금이 정당의 일상적인 활동에 거의 모든 비용을 지원하고 있는 것으로 보아야 한다. 우리나라는 국고보조금을 수단으로 하여 보수양당 정치를 양성하고 있는 것이다.

국고보조금을 국민생활안정기금으로!

현대 자유민주주의 사회는 명망가 정당에 대한 투쟁의 성과로 출현한 대중정당의 형식과 내용으로 정치권력을 유지한다. 부르주아 계급정당이 대중의 외피로 덧씌워진 정당형태이다. 듀베르제는 정당을 명망가 정당, 대중정당, 카르텔 정당, 선거전문가 정당으로 유형화하고 있다.

소수의 사회적 명사들을 중심으로 정당을 결성하고 운영하여 정치권력을 장악하려 하는 정당이 명망가 정당이다. 이에 반해 대중정당은 명사 중심의 정치활동보다 국민대중을 중심으로 하는 정치활동에 주력하면서 계급의 이해를 추구한다. 그런데 자유민주주의 체제의 대중정당들은 국민대중을 정치적으로 소외시키거나 대상화하면서 카르텔 정당이나 선거전문가 정당으로 변화되었다. 카르텔 정당이란 정치권력을 장악하기 위하여 유사한 정당들끼리 카르텔을 구축하여 선거에 참여하고 그 힘으로 정치권력을 장악하려는 정당이다. 이러한 정당들은 정치권력을 분점하고 난 이후에 새로운 정치세력의 진입을 거의 허용하지 않는다. 그리고 미국의 정당들과 같이 일상적인 시기에는 정당활동을 거의 하지 않다가 선거 시기에 조직을 운용하거나 활동하는 정당이 선거전문가 유형에 해당한다. 선거전문가 정당은 오로지 선거에서 승리하기 위한 방법들을 개발하고 그것을 선거에 접목시키는 활동에 주력한다.

우리나라 정당들은 국고보조금을 중심으로 정당의 카르텔을 구축하였다. 거대 양당들이 국고보조금을 독과점하게 되면서 필요에 따라 헤어졌다가 다시 결합하는 분당정치와 담합정치를 계속하면서 비경쟁적인 권력분점의 구조가 정착되었다. 국고보조금에 의존하여 운영하는 정당은 국가에 예속되거나 비경쟁적인 위성정당으로 전락하여 새로운 정치세력의 진출을 저지하기 위해서는 언제든지 카르텔 체제를 구축한다. 진보적인 정당들은 이러한 카르텔 체제 때문에 거대 보수정당의 들러리로 전락하곤 하였다.

그런데 우리나라 진보적인 정당조차 '정치자금의 평등'을 위한 투쟁의 전리품격인 국고보조금을 받고 있다. 아마도 법률에서 규정한 대로 투명하고 정당하게 사용하면 된다는 입장일 것이다. 물론 "보수적인 정당만이 국민의 세금혜택을 받는다. 돈이 많은 보수정당에 대항하기 위해서는 진보적인 정당도 돈을 확보해야 한다. 돈도 없이 어떻게 정치활동을 할 수 있느냐? 국가권력을 장악한 이후에 진보적인 사회를 만들면 되는 것 아닌가!"라고 주장할 수 있다. 국고보조금제를 둘러싼 논쟁의 지점임에 틀림없다. 그러나 진보적인 정당 스스로 국고보조금의 위헌적이고 불법적인 역사를 제기한 적이 거의 없다. 그 제도를 청산하려는 의지는 더욱 그러하다. 진보적인 정당도 정당에 국고를 보조하는 나라가 소수에 불과할 뿐만 아니라 영국이나 독일의 정당 국고보조금조차 입법정책개발이나 공공우편요금 등으로 한정되어 있다는 사실을 잘 알고 있을 것이다. 이처럼 우리나라 정당이 일상적인 정당활동의 거의 모든 비용을 국고보조금으로 충당해야 할 명분이 없다. 진보적인 정당조차 국민의 세금을 공적으로 사용하는 국가기구로 변해 버렸다.

현대사회의 정당이 국가 속으로 통합되어 발전할 것이라고 전망했던 그람시의 말처럼 보수적인 정당은 말할 것도 없지만 진보적인 정당조차 국민을 통제하고 지배하는 국가의 억압적 기구로 변해 가고 있는 것이다. 정당이 과거처럼 사회세력의 이익을 국가 속에 연계시키고 전달하는 시민사회의 전동벨트라는 기능을 상실하였다. 단지 국가권력의 전동벨트로 기능하면서 지배세력의 통치전략만을 국민에게 관철시키고 있다. 정당이 국고보조금을 받는 이유가 바로 여기에 있다. 정당이 국가기구이기 때문이고, 국가기구가 법에 근거하여 국민의 세금을 쓴다는 것이다. 그런데 국가기구가 국민의 세금인 국고보조금을 불법적으로 사용하기도 했었다.

정당의 불법적 측면은 법률로 규정된 국고보조금의 사용처를 증빙하는 서류에서 알 수 있었다. 참여연대 의정감시센터에서 발표했던 내용을 보면, 각 정당은 국고보조금의 2분의 1에서 3분의 2 정도가 세법상 인정되지 않는 증빙자료를 제출하였다. 국회에 들어가 법을 만들고자 하는 정당들이 탈법행위를 일삼고 있다. 국민의 세금이 약탈되고 있다. 정치세력들은 혈세를 눈 먼 돈으로 생각하면서 사회구성원들의 삶을 황폐화시키고 있다고 볼 수 있다. 자신들이 만든 법률의 정당성을 스스로 부정하고 있는 것이다. 부르주아 정치인들이 '득표극대화'와 '재정극대화'라는 자신들의 목표를 계속해서 합리적으로 추구하는 이상, 국고보조금은 상호 경쟁적으로 요구되고 증액될 것이다. 결국 혈세를 고갈시키고 낭비하는 결과를 초래하게 된다. 1993년에 이탈리아에서 2007년에 베네수엘라에서 정당 국고보조금 제도가 폐지된 것도 바로 이러한 이유에서이다.

정당이라고 한다면 조직의 재정을 조직원 스스로 책임지는 정치문화를 선도적으로 정착시켜 나가야 한다. 정당의 조건에 따라 다르지만 일반적으로 정당이 자금을 조달하는 방법 중 당원이 납입하는 당비나 의원세비의 일부징수는 미미하거나 거의 없다고 봐야 한다. 정당자금의 대부분은 당의 간부가 개인적으로 조달하든가 또는 경제계나 노동조합 등에서 기부나 성금을 받아 충당되고 있다. 기부금, 장래의 이권에 대한 예약금

내지 과거의 이권획득에 대한 사례금, 당의 공천을 얻기 위한 납입금 등이 어느 나라 정당에서나 볼 수 있는 일반적인 정치자금 조달방법이다. 미국이나 일본의 경우에는 정당이 당원을 통해 자체적으로 확보하는 정치자금의 수준에 상응하여 국고보조금을 정당이나 후보자들에게 지급하고 있다. 어떠한 조직이든지 기본적으로 조직원들의 회비와 후원금으로 조직을 운영한다. 아주 작은 규모의 친목회나 계모임도 마찬가지이다. 국가권력을 장악하겠다고 나선 정당들이 그렇게 해야 할진대, 전체 조직 운영비 중에서 당원들의 회비 비율은 10% 미만에 불과하다. 나머지는 정당 국고보조금이나 돈으로 돈을 벌고자 하는 유력자들의 후원금으로 충당한다. 국회의원들은 이 과정에서 국민주권의 실현을 위해 국민의 권력을 행사하지 못한다. 주로 후원자 권리만을 위해 그것을 사용하는 경향이 있다. 따라서 후원금 제도도 역시 폐지되어야 한다.

위헌적 제도를 이용하여 그동안 국민의 호주머니에서 돈을 가져간 정치세력들에게 그 돈 이상을 환수시키는 상상적 대안은 허상일까? 현행 법률만으로도 부정부패나 불법행위로 돈을 벌어들인 사람들에게 추징금을 선언할 수 있다. 국고보조금 제도가 불법적으로 만들어졌고 위헌적 법률개정이었던 만큼 국민들은 그러한 불법행위로 돈을 가져다 쓴 사람들로부터 당연히 그 돈을 복리이자까지 계산하여 환수해야 한다. 일단 국고보조금을 규정하고 있는 법률에 대한 위헌 여부를 헌법재판소에 맡기지 말아야 한다. 국민이 직접 심판해야 한다.

단순하게 정당 국고보조금을 폐지하는 데 머물러서는 안 된다. 그동안의 정당 국고보조금을 모두 환수하여 무상교육·의료기금이나 무상임대주택기금으로 사용하자는 것이다. 물론 자유민주주의 체제는 신자유주의 교육정책과 의료정책으로 국민의 교육권과 건강권을 지속적으로 약탈해 왔다. 진보적인 정치세력들은 신자유주의 정책을 반대하였다. 무상교육·의료기금제도나 무상임대주택기금제도 등을 도입하자는 것이었다. 역사적 경험으로 볼 때, 자유민주주의 체제에서 무상교육·의료기금제도나 무상임대주택기금제도가 도입되는 것은 사실상 불가능하다. 하지만 분양되지 않아 비어 있는 공공아파트에 무단으로 들어가 사는 것도 무주택 국민에게 권리로 보장되어야 한다. 또한 초·중등학교처럼 고등학생과 대학생들에게 등록금을 내지 않고도 교육을 받을 수 있는 권리가 보장되어야 한다. 토지를 가지고 있지 않은 농민들이 경작되지 않고 있는 공공토지를 무단으로 경작할지라도 그 권리를 인정하여야 한다. 이에 필요한 비용은 정당으로부터 환수한 국고보조금과 국가의 또 다른 예산으로 충당하면 된다. 이러한 권리의 정치로 보면, 무상교육·의료기금제도나 무상임대주택기금제도는 국민의 기본적인 권리에 해당한다. 정당 국고보조금이 국민의 생활보조금 형식으로 환수되는 것이다. 이를 위해서는 국민의 기본적 권리를 실질적으로 보장할 수 있는 국가권력이 수립되어야 한다.

국고보조금으로 일상적인 정당활동을 하는 정당들이 국고보조금을 폐지할 리 만무하다. 이미 많은 국회의원을 확보하고 있는 정당은 보다 많은 국고보조금으로 자신의 활동을 강화할 수 있다. 그 제도를 폐지하는 정책에 찬성할 정당은 거의 없다. 그래서 국민이 앞장서서 국고보조금 제도를 폐지할 수밖에 없다. 방법은 아주 쉽다. 앞에서 말한 것처럼 정치인들의 개인 재산을 압류함과 동시에 그 제도를 없애면 된다. 대신 국민자치위원회가 정치를 하면 된다.

최근에 코뮌적 공동체 자치주의를 제도화한 나라가 있다. 국민주권을 스스로 실현하고 자기가 낸 세금을 자기 스스로 쓰면서 삶의 질을 높여 나가는 베네수엘라의 공동체 자치주의이다. 베네수엘라의 수많은 공동체 의회는 공동체에서 발생하는 각종의 문제를 중앙정부의 제도적 권력으로 해결하면서 생활하는 것이 아니라 공동체 스스로 해결해 나가는 탈제도적이고 탈권력적인 자치주의이다. 국고보조금이 이러한 공동체 자치조직에 지원된다면 국민의 세금이 정당과 정치인의 호주머니로 들어가는 것이 아니라 국민의 생활 속에 다시 돌려지게 된다. 베네수엘라에는 2007년 현재 마을 단위 혹은 지역 단위로 공동체의회가 구성되어 그 의회를 중심으로 공동체적 자치를 실현해 나가고 있다. 도시에서는 200~400세대가 하나의 공동체의회를 구성하였다. 농촌에서는 20여 세대가 공동체의회를 구성하였다. 인디언 토착민들은 10여 세대가 공동체의회를 구성하고 있다. 베네수엘라의 수도인 카라카스에만 약 500개 이상의 공동체의회가 결성되어 운영되고 있으며, 전국에는 5만 개 이상의 공동체의회가 결성되었다. 이 공동체의회는 중앙정부의 통치기구가 아니라 생활의 주체들이 자신의 문제들을 해결해 나가기 위해 스스로 결정하고 집행하는 자치기구이다. 국고보조금은 실질적으로 이러한 자치기구가 받아야 한다.

    정당 국고보조금을 국민에게 돌려줄 수 있는 또 다른 제도를 상상해 볼 수 있다. 먼저 상상할 수 있는 것은 유권자 보조금제를 도입하자는 것이다. 유권자들은 선거 때 자신의 비용으로 투표를 해야만 한다. 국회의원 총선이나 대통령 선거는 공식적인 유급휴일로 지정된 상태에서 이루어지지만, 국민 중에는 그날 돈을 벌지 못하고 투표에 참여하는 경우가 많고 투표 때문에 자기 돈을 써야만 하는 경우도 있다. 국고는 바로 이러한 국민에게 보조되어야 한다. 국고보조금이 이렇게 쓰여진다면 아마 투표 참여율도 많이 높아질 것이다.

　다음으로는 앞에서 제기한 것처럼 정당 국고보조금을 국민생활안정기금으로 전환하자는 것이다. 국민은 경제공황에 직면하여 자신의 의지와 무관하게 직장을 잃어버리거나 생활의 고통을 감당하기 힘들어 자신의 목숨을 스스로 버리기도 한다. 국가는 이러한 국민생활 불안정 시대를 맞이하여 국민을 걱정하고 불안정한 생활을 지원하려 한다. 그러나 그동안 이러한 지원정책들은 상당히 일회적이고 형식적인 수준을 넘지 못하였다. 국민이 직접 구성하여 운영하는 국민생활안정기구가 국민의 불안정한 생활을 지원할 필요가 있다. 국가는 단지 각종 복지정책의 권한과 예산을 국민생활안정기구에 넘겨주면 그만이다. 국민생활안정기구는 정부의 제도적 장치가 아니라 국민이 참여하여 구성하고 운영하는 제도이다. 정부는 정당 국고보조금만이 아니라 각종의 시민사회단체 보조금 등의 국가예산을 국민생활안정기구에 지원하면 된다. 운영과정에도 참여하지 않아야 한다. 이 기구는 국가권력으로부터 독립적인 상태에서 지원권한 및 집행권한 등을 자율적으로 행사할 수 있어야 한다. 반면에 또 다른 권력체로 변화되지 않게 국민의 감시와 통제를 일상적으로 받아야만 한다.

국가권력의 지역화와 지방자치 민주주의

국가권력의 풀뿌리민주주의?

풀뿌리민주주의란 지역사회의 주민들이 자기들의 공공사무를 스스로 결정하고 실행한다는 의미이다. 정치, 행정, 사회, 교육, 문화 등 모든 지역 문제를 자치적으로 처리함으로써 밑으로부터 민주정치가 실현된다는 뜻이다. 풀뿌리민주주의는 민주주의의 원천인 동시에 민주주의의 가장 훌륭한 학교이다. 그럼 우리나라 지방자치제는 민주주의 학교로서의 역할을 담당하고 있는 것인가?

풀뿌리민주주의는 미국 하층민의 정치참여 요구에 반응하여 미국 공화당이 1935년 전당대회에서 처음으로 사용한 말이다. 여성들에게 참정권 조차 주지 않고 있던 당시의 미국이 풀뿌리민주주의를 실현하겠다고 했다. 민주주의의 대역설이다. 미국은 단지 대공황의 위기를 극복하기 위해서 밑으로부터 분출되는 국민의 민주주의 정치를 수용하지 않을 수 없었다. 그래서 미국의 지배세력들은 풀뿌리민주주의라는 이름으로 미국의 명망가 정치나 연방정치에 개입하지 않는 수준에서 하층민에게 주민자치를 허용하였다.

　우리나라에서는 미국의 풀뿌리민주주의를 상당히 많은 측면에서 원용하고 있다. 특히 중앙정부가 허용하는 수준의 지방자치 혹은 국가권력을 강화시켜 나가는 수준의 지방자치였다. 지방정부를 중심으로 한 풀뿌리민주주의였다는 측면에서 그렇다. 제도화된 지방자치의 현실도 마찬가지였다. 지방자치권력은 중앙정부로부터 허용된 권력의 일부를 주민자치의 이름으로 주민들에게 돌려주었다. 주민들은 지방정부가 허용하는 수준에서 풀뿌리민주주의를 실현하고 있다.

　문제는 지방정부가 중앙정부의 복사판이라는 점이다. 자치란 말 그대로 스스로가 스스로를 통치하는 것이다. 자치를 이런 의미로 이해하면, 지방자치란 지방 자신이 지방 자신을 다스린다는 의미이다. 하지만 지방자치는 지방적 범위 내에서 중앙권력의 일부와 지방권력을 기득권 지배세력에 의해 실현하는 과정이다. 지방정부는 중앙정부의 정책을 관철하는 컨베이어 벨트로서의 역할과 기능을 담당함과 동시에 자체적인 권력을 형성한다. 물론 지방정부의 자체적인 권력은 3권이다. 지방행정권과 지방입법권, 지방사법권이다. 미국의 경우 동일한 사건이 각 주마다 서로 다르게 적용될 수 있다. 각 주마다 사법적 판단의 형식과 내용을 자체적으로 가지고 있기 때문이다. 물론 이러한 지방권력도 주민들의 실질적인 자치를 허용하지 않는다. 권력위임을 전제로 하는 지방자치 민주주의이다. 자유민주주의 체제가 지향하는 지방자치이다. 우리나라의 경우에는 지방정부의 지방사법권을 인정하지 않고 있다. 지방입법권이나 지방행정권도 지극히 제한되어 있다. 국민은 변형되고 왜곡된 지방자치를 풀뿌리민주주의로 이해해 왔다.

지방자치는 요즈음 들어서 실시된 제도가 아니다. 전국네트워크권력인 지방자치는 역사적 뿌리가 깊다. 봉건시대에서도 권한분배를 둘러싼 중앙권력과 지방권력 간의 싸움이나 개국공신들에게 권력을 분배하는 제도였다. 주민들을 어떻게 하면 잘 통치할 것인가의 문제가 핵심이었다. 국가권력을 어떻게 집중시키고 분배하느냐의 문제였다. 국가권력의 지방자치였던 것이다. 지배세력은 개국공신들에게 나누어 줄 중앙권력이 부족할 경우에 선택할 수 있는 최선의 방안을 찾았다. 중앙권력의 일부를 지방권력으로 이양하여 개국공신들로 하여금 지방권력을 장악하게 하는 것이다. 이는 또한 지방권력을 장악하고 있었던 귀족들을 중앙권력으로 집중시켜 나가는 수단이었다. 지방권력을 분배받아야만 할 공신은 아쉬워할 수 있을지라도 지배세력은 오히려 권력의 전국네트워크를 구축한다. 지배세력의 권력이 국민의 생활에 침투하여 국민을 자신의 편으로 끌어들이는 수단이었다. 불만세력이 중앙권력으로 다가가기 이전에 거쳐야만 하는 여과장치 수단이기도 하다.

이승만 정권 하에서 실시된 지방자치는 개국공신들에게 권력을 분점하게 하는 과정으로서의 지방자치였다. 박정희 정권 하에서 실시된 지방자치는 국민의 지방자치 선거권조차 없애면서까지 독재체제를 유지하려 했던 중앙집권적 통치수단으로서의 지방자치였다. 1995년 제1회 지자체 선거가 도입되고 난 이후, 지방의회는 지방주민들의 의견을 지방정부의 정책에 반영할 수 있는 자유민주주의 체제의 형식적 지방자치를 대변하였다. 지역발전정책이라는 명분을 내세우면서 중앙정부 및 국회와 연계된 대의제 권력의 해악을 지방에 고착시키고 있다. 특히 재정이 부족한 지방의 경우, 지방정부나 지방의회는 지배세력 간의 네트워크를 강화시키면서 지역주민들을 중앙권력에 의존하게 한다. 재정 자립도가 낮은 지방자치단체장들은 중앙정부의 예산이 만들어지는 매년 6월경에 중앙정부의 관료나 지역을 대표하고 있는 국회의원을 찾아가 자신의 지역에 사업과 예산을 배정해 달라고 청원한다. 지배세력 간의 네트워크가 작동되는 과정이자 국가권력의 풀뿌리민주주의가 지방자치를 종속화하면서 지배세력의 전국 네트워크를 구축하는 과정인 것이다. 지방주민은 고작 동 단위의 자치센터가 마련하여 운영하는 문화활동 프로그램이나 사회복지관 프로그램에 보다 싼 비용으로 참여할 수 있는 수준의 지방자치만을 경험하게 된다.

지역주민들은 항상 국가권력의 네트워크로 운영되고 관리되는 지방자치학교의 학생에 불과했다. 지방자치가 무늬만 자치이지 실제로는 국민을 지배하기 위한 지배권력의 변화된 통치양식인 것이다. 형식적으로는 지방행정조직의 자치이지만 실질적으로는 중앙정부의 행정조직으로 편제된 상태에서 지방 세력가들을 중심으로 운영되는 지방자치였다. 박정희 정권은 지방자치의 대표들을 중앙정부에서 임명했었다. 그들은 지방정책의 기획자가 아니라 국가정책의 전달자들이었다. 국가가 중앙집권 체제를 확립하기 위하여 지방정부를 중앙권력기관의 대리인이나 하수인으로 구성하여 지방에 대한 행정의 일원화와 지배효율성을 극대화하는 지방자치였던 것이다.

지방자치의 이념은 코뮌적 공동체 사상을 바탕으로 한다. 지방정책에 직접적인 관심과 이해관계가 있는 지방주민이 자신의 권력을 스스로 통치하고 관리한다는 것이다. 이 과정은 또한 밑으로부터의 민주주의를 육성하고 발전시키지 않을 수 없다. 지방주민이 국가로부터 일정한 독립적 인격과 자치권을 가지고 해당 공동체의 생활을 스스로 책임진다는 의미이기 때문이다. 밑으로부터의 풀뿌리민주주의의 그 자체이다. 코뮌적 공동체 사상은 기본적으로 지역공동체 주민들이 국가권력이나 지방권력에 의해 구속받지 않아야 한다. 국가 중심의 지방자치가 아니라 국민 중심의 지방자치이다. 지역공동체의 주민 스스로 또는 선출된 자치대표들이 그러한 권력에 구속되는 순간 지방자치는 국가권력의 도구로 전락한다. 지역주민들은 자신의 문제를 주체적으로 해결하지도 못하고, 또한 공동체 성원들 간의 삶의 정체성도 강화시키지도 못한다. 국민의 풀뿌리민주주의라고 하는 것은 국민주권을 자신의 생활권력과 밀접하게 결합시켜 가는 과정이 되어야 한다. 국민이 일상적인 생활 속에서 자신의 권력을 통치하고 관리할 수 있어야 한다. 국민주권과 생활주권이 유기적으로 결합되는 자치를 의미한다.

지방자치는 권력의 분점화 수단?

자본의 세계화와 지역화는 신자유주의 시대의 보편적인 현상이었다. 글로벌global과 로컬라이제이션localization이 합성되어 만들어진 글로컬라이제이션glocalization으로 그러한 현상을 담아낼 수 있다. 자본의 세계화와 자본의 지역화 혹은 자본의 지방화가 함께 결합되어 있는 상태이다. 지자체란 정치학에서 지방정부의 자치적인 활동을 의미한다. 합성어로 표현한다면, 중앙권력Central Power + 지방권력Local Power + 네트워크권력

Network Power를 합성한 전국네트워크권력Centlocal Network Power이 될 것이다. 국민에 대한 지배권력 네트워크가 중앙과 지방으로 전국화되고 이러한 지배네트워크는 정당을 매개로 하여 국민의 일상적인 생활에 개입하는 국가권력의 힘이 고도화되었다는 의미이다. 전국네트워크권력은 국민의 일상생활에 대한 중앙과 지방의 통치네트워크를 구축하는 힘으로 자유민주주의 체제의 권력다원화라는 이름 아래 지배세력 간의 권력분점을 마무리한다. 중앙정부의 권력에서 퇴출될 사람과 지방정부에서 중앙정부로 영전될 사람을 서로 맞교환하기도 하고, 중앙정부의 권력자를 대신해 지방정부가 국민으로부터 매를 맞기도 한다. 국민의 저항이 국가권력으로 집중될 경우에 발생할 수 있는 위기상황들을 분산시키는 효과까지 발휘한다. 국민에 대한 국가권력의 지배네트워크가 다변화된 것이다. 국민은 이러한 다변화된 지배네트워크를 지역의 공동체 네트워크로 변화시킬 수 없는 것인가?

국민의 풀뿌리민주주의는 국가권력의 전국네트워크에서 벗어나 국민 스스로 자신의 자치권력을 형성하고 행사할 수 있어야 한다. 우리는 제도화되고 권력화된 지방자치만을 경험하고 있다. 그것은 권력을 분점하는 수단으로서의 지방자치였다. 어릴 적에 느꼈던 권력의 중심지는 면 소재지에 자리하고 있었던 면사무소와 지서(예전의 파출소, 지금의 지구대)였다. 서로 마주보면서 자리하고 있었던 면사무소와 지서를 지나 학교를 갈 때마다 괜히 몸이 움츠려들거나 빨리 지나쳐야 한다는 강박관념에 시달렸던 사람들이 많을 것이다. 순경이나 면사무소 직원들이 나에게 뭐라고 한 적도 없었는데 그렇게 했었다. 나중에야 알게 되었다. 면사무소와 지서를 가장 두려워했던 사람은 바로 내가 아니라 기성세대들이었다. 농촌사회에서 면사무소와 지서는 농민들의 생활공간을 직·간접적으로 장악하고 있는 중앙정부의 권력이었다. 기성세대들은 그 힘 앞에서 두려워하였다. 지역에서 태어나 지역에 의존하면서 살고 있는 사람들은 지방자치라는 국가권력의 전국네트워크에서 벗어나 그들 스스로 자신만의 풀뿌리민주주의를 실현할 수 없는 것인가?

국가권력은 지방자치단체의 권한으로 자치입법권, 자치조직권, 자치행정권, 자치재정권 등을 부여하고 있다. 법률적으로 규정된 권한들이다. 지방주민들은 지방자치단체 선거에서 단체장과 지방의원을 선출한다. 대통령과 국회의원만을 선출하여 중앙정부를 구성하는 방식과 동일하다. 지방정부와 지방의회는 중앙으로 진출하지 못한 기득권 지배세력의 정치적 통로였다. 중앙정부를 구성하는 정당은 지방자치를 통해 이중적인 효과를 이끌어 낸다. 하나는 정당활동에 기여한 당원들에게 권력의 일부를 제공하여 정당에 대한 당원들의 구심력을 강화시킬 수 있다. 다른 하나는 지방정부의 단체장과 지방의원을 중심으로 정당의 전국적 조직화가 강화될 수 있다. 정치적 지배세력의 중앙집중화를 해소하기 위해 지방정부 및 지방의회를 매개로 지배세력의 정치적 대표성을 다층화하고 정치적 지배세력의 네트워크를 강화하는 지방자치인 것이다.

이처럼 지방주민의 권력이 또다시 지방정부와 지방의회로 넘어갔다. 주민들은 또 다른 의회 민주주의의 틀에 갇히게 된다. 그 수단은 바로 자치입법권이다. 물론 자치입법권은 법령의 범위 안에서 자치에 관한 규정을 제정할 수 있는 권한이다. 조례제정권과 규칙제정권이 여기에 속한다. 지방의회 의원들의 역할과 기능이기도 하다. 그러나 지방의회는 중앙정부의 국회와 마찬가지로 기득권 지배세력의 권력공간으로 존재한다. 지방

기득권 지배세력의 이해관계가 국가정책이나 지방정책에 반영되는 일에 앞장선다. 지역주민을 위해 무료봉사하겠다던 지방의회는 이제 월급을 받아가는 의원으로 거듭났다. 그들은 지방권력으로 자신들에게 유리한 각종의 권한을 만들어 냈다. 주민들은 일상생활의 권리들을 지방의회를 통해 실현할 수 없다. 중앙정부가 이미 일상생활의 권리들을 제한하고 있기 때문이다. 반면에 일상생활의 의무만이 첨가되었다. 주민들은 의무를 위해 이중과세하지 않으면 안 되는 상황에 처하게 되었다. 지방주민들은 중앙정부에 대한 의무와 지방정부에 대한 의무를 동시에 짊어진 채 살아가야만 한다. 지방자치가 전국적으로 실시되고 있는 만큼, 우리나라 국민 모두 중층적이고 복합적인 의무의 홍수 속에서 살아가고 있다.

자치조직권은 지자체가 당해 지방의 행정기구를 조례로 결정할 수 있는 권한이고, 자치행정권은 지자체가 필요한 사무를 자주적으로 처리하는 권한을 의미한다. 지방자치단체장은 이러한 권한을 보유하고 있다. 자치재정권은 지방세를 자주적으로 처리하는 권한인데, 지방의회 의원들과 지방자치단체장은 이 권한을 공동으로 행사한다. 지방자치단체장과 지방의회는 독자적인 세금으로 지방정책을 자율적으로 기획하고 집행할 수 있다. 법령상 부여되어 있는 권한으로만 본다면 맞는 말이다. 지방자치단체는 중앙정부로부터 독립성과 자율성을 확보하여 지방을 스스로 통치할 수 있다. 많은 사람들이 풀뿌리 지방자치를 민주주의의 학교로 여긴다. 주민들의 참여와 자치가 보장하는 것이 곧 지방자치제의 본질이기 때문이다.

그런데 지방자치가 권력을 분점하는 수준에 머무는 이유가 있다. 하나는 지방정부의 자치권이 기본적으로 중앙권력에서 만든 법령과 정책의 범위를 넘어설 수 없다는 점이다. 다른 하나는 지방자치의 매개를 주민들이 통치하고 관리해야 한다는 점이다. 국가의 최고 말단 행정조직이라 할 수 있는 주민자치센터가 그 수단이다. 주민자치센터는 또한 통장과 반장을 중심으로 주민들을 관리한다.

중앙정부가 권력의 일부를 양보하는 대신에 지방자치로부터 걷어 들이는 통치전략의 효과이다. 중앙정부의 권력은 법령과 예산의 힘으로 지방자치단체의 자치권을 실질적으로 인정하지 않는다. 중앙권력과 지방권력이 주민들의 아래로부터의 민주주의에서 발현되는 코뮌적 공동체 자치권을 허용하지 않는 것과 마찬가지이다. 지방정부는 단지 중앙정부의 지방행정조직으로 편제된 상태에서 독립성과 자율성을 제한적으로 보장받는 지방자치를 실현한다.

대표적인 예를 든다면, 핵 방사능 폐기물 처리장(핵 방폐장) 건립 사업과 관련된 주민들과 지자체 간의 갈등이다. 이 사업은 1986년 처음 시작된 이래 경북 영덕과 안면도, 굴업도 등이 후보지로 검토됐지만 그때마다 주민들의 반발로 무산되었다. 핵 방폐장은 주민들의 생명과 직결되는 문제였기에 2003년도 전라북도 부안에 핵 방폐장을 설립하려다가 주민들의 반대로 또다시 무산되었다. 주민들의 의사를 반영하지 않는 중앙정부나 지방자치단체의 정책을 투쟁으로 무력화시켰다. 노무현 정부는 4개의 지방자치단체에서 핵 방폐장 유치를 위한 주민투표를 실시하게 하여 경주시를 핵 방폐장 건설 지역으로 결정하였다. 핵 방폐장 부지를 제공하는 지역에 3,000억 원의 특별지원금과 한국수력원자력 본사를 이전하는 등의 인센티브 정책에 지방자치단체들이 유치경쟁을 벌인 결과였다. 경주시 주민들이 핵 방폐장에 대한 정보를 제대로 알고서 투표에 참여했는가 혹은 3,000억 원의 특별지원금에 자신의 권리를 팔았는가의 문제는 잠시 동안 물밑으로

가라앉아 있을 뿐이다. 핵 방폐장이 들어설 부지 주변에 살고 있는 주민들의 90% 이상이 주민투표에서 핵 방폐장 건립사업의 유치에 반대하였다는 결과를 볼 때, 경주시는 아마도 이들 주민들의 목숨을 건 저항에 부딪힐 것이다.

코뮌적 공동체 자치!

지배세력의 지방자치와 국민의 지방자치는 자치의 내용과 성격에 있어서 그 차이가 극과 극이다. 지배세력은 권력의 전국네트워크를 구축하는 수단으로 여기는 반면, 국민은 자신의 생활공간을 자신의 권리로 스스로 통치하는 자치권력이었다.

이승만 정권 시절 지방자치제도는 통장과 반장을 주민의 직접선거로 선출하기도 했었다. 주민들이 자신을 통치하고 관리하는 통장과 반장을 거부하여 주민이 직접 선출하는 제도가 도입된 것이었다. 통장과 반장은 국가권력의 전달자나 집행자가 아니었다. 주민의 직접선거로 선출된 통장과 반장은 자신의 생활이해를 대변해 주는 또 다른 대표였다. 코뮌적 공동체 자치의 한 모습이다. 박정희 정권에서도 코뮌적 공동체 자치의 또 다른 뿌리가 존재했었다.

어린 시절을 생각해 보면, 마을 일을 결정하고 집행할 때는 항시 공동체적이었다. 하루의 고된 노동으로 몸과 마음이 지쳐있을 법도 한데 아버지와 어머니는 마을 일을 결정하는 총회에 빠짐없이 참여하셨고 그 자리에서 있었던 많은 이야기들을 며칠에 걸쳐 고된 생활의 말거리로 삼으셨던 기억이 있다. 부모님의 말거리는 어린 우리들에겐 마을의 공적인 일과 관련된 소식통이었다. 그런데 그러한 마을공동체 총회는 박정희 정권이 국민을 동원하는 과정이기도 했다. 박정희 정권은 국가가 지원하는 물자나 새마을운동을 어떻게 실현할 것인가를 놓고서 주민들 간의 의견을 모으게 하였다. 국민이 박정희 정권의 중앙집권적 통치수단으로서의 지방자치에 동원되었던 것은 틀림없는 사실이다. 하지만 국민의 마을총회는 국가권력과 무관하게 자신의 생활공간에서 실현해 왔던 코뮌적 공동체 자치의 연장으로도 볼 수 있다. 주민들의 코뮌적 공동체 자치를 실현할 수 있는 상상적 대안의 뿌리가 존재하는 것이다.

이처럼 코뮌적 공동체 자치는 중앙정부나 국가권력으로부터 독립성과 자율성을 확보한 상태에서 지방의 권력과 재정 등의 문제를 스스로 결정하는 지방자치이다. 주민들은 지역이나 지방의 권력을 구성하고 운영하는 데 실질적인 주체가 된다. 이를 제도화할 수 있는 방안도 다양하다. 지방자치의 대표들을 주민들이 직접선거로 혹은 합의제 혹은 호선제 방식으로 대표를 선출하는 것도 그 방안이고, 또한 대부분의 정책을 합의제 형식으로 결정하는 자치도 마찬가지이다.

헌법 개정과 국가안위에 관련되는 중요한 정책이 국민투표로 결정되어야 하듯이 지방자치단체의 주요 결정사항에 대해 주민들이 직접 참여할 수 있는 제도 중에 하나가 주민투표제도이다. 이러한 제도를 아예 방치하거나 외면하는 지방자치단체는 국가의 지방자치조차 왜곡하고 있다는 점에서 문제이지만, 주민투표제도가 국민의 코뮌적 공동체 자치를 왜곡할 수 있다는 점이 더 큰 문제이다. 하나는 핵 방폐장의 경우처럼 직접적인 이해관계가 없는 사람들이 참여한 지역선거 결과를 가지고 이해관계를 가지고 있는 사람들의 의지를 무력화시킬 수 있다는 점이고, 다른 하나는 지방권력이 정보를 독점하고 왜곡한 상태에서 직접선거의 약점을 이용할 수 있다는 점이다. 리비아의 카다피 대통령은 국민투표의 의제와 관련하여 아무런 정보도 알지 못한 상태에서 국민이 동원되는 방식의 직접투표제도에 반대하였다. 우리나라에서도 국민투표제가 정치적으로 악용된 경우가 많았다. 박정희 전 대통령은 유신헌법의 제정이나 유신정책을 추진하는 과정에서 국민투표제도를 이용하였다. 유신헌법이 민주주의를 압살할 것이라고 알고 있는 사람보다 모르는 사람이 더 많은 상태에서 국민 전체의 의사라는 미명 하에 유신헌법을 제정하였다. 국민주권의 이름 아래 국민이 결정하는 방식의 직접투표제도가 의제의 본질을 왜곡시키지 않아야 한다는 것이다. 지역의 정책을 주민이 직접 참여하여 결정하는 주민투표제도 마찬가지이다.

국민은 기본적으로 지역의 생활조건과 긴밀하게 결합된 상태에서 살아가고 있으며 그 과정에서 생활의 다양한 이해를 추구한다. 국민은 생활공간에서 발생하는 다양한 갈등과 조화의 주체이다. 국민은 자신의 생활공간에서 지역을 중심으로 한 이해들을 만들고 유지하기도 한다. 이러한 것은 코뮌적 공동체 자치를 실현하는 과정으로서의 지역주의이자 생활공간의 계급적 성격에 조응할 수 있는 지역주의이다. 노동자들이 밀집되어 있는 공동체는 노동자를 중심으로 하는 코뮌적 공동체 자치를 실현하는 것이다. 밑으로부터 형성되는 지역주의는 바로 코뮌적 공동체 자치의 기반이 된다.

코뮌 공동체의 모든 사람은 자치권력의 주체들이다. 하지만 많은 사람들이 대의제 민주주의를 근대 민주주의 정치체제의 특징적인 형태로 파악하지만, 이러한 제도는 코뮌적 공동체 사회에서도 존재할 수 있다. 대의제도는 인간이 살아가는 모든 공간에서 나타날 수 있는 정치제도이다. 또한 직접민주주의가 보편화되어 있다 하더라도 결국에는 직접 참여한 권리주체들의 의사로 구성하는 대의주체가 있게 마련이다. 코뮌적 공동체 평의회제도 마찬가지이다. 코뮌적 공동체 평의회 의원들도 결국 공동체 성원들에 의해 선출된다. 그러나 코뮌적 공동체 평의회는 자유민주주의 체제의 대의제도와는 달리 형식과 내용에 있어서 국민주권을 보다 완전하게 실현하는 대의제도일 것이다. 그 공간은 바로 의회가 아니라 국민이 좋아하고 사랑하는 지역이 아닐까?

코뮌적 공동체 평의회제는 지역공동체 자치를 실현하는 국민의 대표임과 동시에 전국 코뮌적 공동체 자치네트워크의 주체이다. 국민은 코뮌적 공동체 평의회제를 중심으로 자신의 생활공간에서 발생하는 다양한 문제들을 스스로 결정하고 집행하는 실질적인 자치를 실현할 수 있다. 코뮌적 공동체 평의회는 기본적으로 지역 내 계급적 존재기반을 반영하는 방식으로 구성될 수 있다. 완전비례대표제 방식의 선거제도를 도입하는 것인데, 이 제도는 정당 간의 경쟁으로 대표를 선출하는 것이 아니라 지역 내 계급적 구성분포비율에 따라 대표를 비례적으로 선출하여 평의회를 구성한다. 객관적인 방식으로 계급적 구성분포비율이 추출되면 선거관리위원회가 그 결과에 따라 평의회의 구성비율을 정하여 선거를 하면 된다. 물론 선거제도도 지역을 다시 소지역으로 구분하는 소선거구제가 아니라 지역 전체를 하나의 선거구제로 해야만 한다.

주민직접투표제가 코뮌적 공동체 자치를 실현하는 수단으로 될 수 있다. 두 가지 대안을 상상해 볼 수 있다. 하나는 주민직접투표로 결정할 정책과 이해관계가 있는 사람들만을 중심으로 투표에 참여하게 방식이고, 다른 하나는 직접투표의 의제와 관련된 각종의 정보를 이해당사자들의 집에 방문하여 제공하는 '가정방문설명회'이다. 가정방문설명회가 제대로 이루어지지 않는 상태에서는 주민직접투표를 실시할 수 없게 하고, 설명회 과정에서 지방정부나 중앙정부의 권력주체들이 참여하지 않게 한다면 주민직접투표제도의 직접투표의 다양한 한계를 극복하면서 주민의 권리를 실질적으로 실현하게 할 것이다. 이러한 제도가 주민참여를 극대화하려 한다고 할 때 가정방문설명회에 대한 주민의 감시제도도 동반되어야 한다.

그런데 국가의 지방자치가 보장하는 주민참여제도는 지극히 형식적인 수준을 넘지 못하고 있다. 주요 참여제도로는 반상회, 여론 모니터, 각종 위원회, 간담회, 공청회, 설문조사 등이 있지만, 주민들이 지방자치의 참여제도에 주체적으로 참여하기가 쉽지 않다. 도시에서 직장과 거주지가 일치한다면 모를까, 반상회조차 참여하기 어려운 상태에서 여론 모니터 및 지자체의 각종 위원회 등에 참여한다는 것은 거의 불가능하다. 경제적 여유가 있어서 적지 않은 시간을 주민참여제도에 투자할 수 있는 사람이라면 가능할 수 있다. 이러한 경우는 농어촌에서도 마찬가지이다. 예를 들면, 지방의 자치센터마다 약 15개 내외의 위원회가 만들어져 주민들의 참여를 보장하고 있지만, 참여할 수 있는 주민들은 정작 생활고에서 자유로운 사람들뿐이다. 이들 위원회는 기록된 지지세력의 정치적 지지기반으로 작용하기도 한다. 소위 자치센터의 위원회는 힘과 돈을 가지고 있는 사람들을 중심으로 한 전국네트워크권력의 세포이자 핏줄로 작용할 수 있다. 1999년에 지방자치법이 개정되어 주민감사청구제도가 도입되었지만, 지방자치단체는 이 제도를 거의 도입하지 않고 있다. 주민평가제도를 도입한 일부 지방자치단체마저 그 요건이 까다로워서 실효성은 거의 없다. 지방의회 의원들은 까다로운 요건을 조례로 만들어 지방권력에 대한 주민들의 간섭과 통제를 배제시켜 버렸다. 지방자치가 주민자치의 기능보다는 중앙권력과 지방권력의 유착 네트워크를 바탕으로 한 '부패자치'로 변질된다 하더라도 주민들은 그러한 부패자치를 관리하고 통제할 수 없게 되어 있다.

주민의 직접 참여제도도 코뮌적 공동체 자치를 실현할 수 있도록 변화되어야 한다. 대안은 주민예산제도를 도입하는 것이다. 주민이 지방자치단체 예산안의 수립 및 집행계획을 직접 작성하여 주민투표로 결정하고, 지방의회와 지방정부는 이렇게 결정된 예산안의 실행에 필요한 업무만을 담당하면 된다. 남아프리카공화국은 중앙정부예산을 국민예산제도로 결정하고 있다. 예산안을 정부가 만드는 것이 아니라 노동조합이나 시민사회단체를 중심으로 한 비정부기구들이 만들어 제안한다. 남아공 정부와 국회는 그렇게 제안된 예산안을 기초로 국가예산을 검토하고 결정한다. 남아프리카공화국 정부는 이러한 방식으로 만들어져 추인된 예산안에 맞게 정책을 수립하여 집행하기만 한다. 풀뿌리민주주의가 국민의 품안에 안긴 경우라 할 수 있다.

문제는 코뮌적 공동체 자치도 예산을 확보하지 않으면 불가능하다. 국가권력은 예산을 무기로 삼아 지방권력을 자신의 지배권력 네트워크로 삼았다. 예산도 역시 자치의 실현에 조응해야만 한다. 우리나라 헌법 제38조에서는 "모든 국민은 법률이 정하는 바에 의하여 납세의 의무를 진다"라고 하고, 제59조에서는 "조세의 종목과 세율은 법률로 정한다"고 명시하여 헌법상 납세의무를 규정함과 동시에 국회를 통한 법률에 의하여 납세의무를 이행하도록 하는 조세법률주의를 천명하고 있다. 이처럼 세금은 국민의 돈을 국가가 징수하는 것이다. 사회계약의 논리에 따른다면, 국가는 국민을 보호하기 위해서 세금을 징수하여 국민을 위해 사용한다. 국민이 낸 세금은 국민을 위해 사용되어야 하고 그 사용처를 국민에게 물어야만 할 이유이다. 이는 또한 국민주권을 실현해야만 할 국가의 기본적 의무이다. 국민은 국가에 세금을 냈지만 돈의 소유권까지 국가에 이전한 것은 아니다. 국가는 그동안 잘못된 정책으로 국민에게 피해를 입혔을 경우 국민들에게 세금을 배상하거나 환급하였다. 국민은 생활하는 데 불편하지 않게 일을 하라고 국가에 세금을 맡겼다가 국가가 의무를 이행하지 않을 경우에 세금을 돌려달라고 요구하는 것이다. 국민의 세금이 의무이자 권리인 이유이다.

국민이 납세거부 및 부분납세를 하거나 국가로부터 환수하려는 것은 권리로서의 세금이다. 국민 스스로 세금을 징수하여 그 세금을 코뮌적 공동체 자치의 비용으로 사용할 수 있는 것이다. 코뮌적 자치공동체 주민들이 중앙정부나 지방정부에 내고 있는 세금의 절반을 마을이나 지역의 주민들이 직접 관리하고 운영하는 근거이다. 국가권력이나 지방정부는 국민이 내는 세금의 절반을 가지고 국민들의 코뮌적 공동체를 보호하는 정책에 주력하고, 국민들은 그 나머지 절반의 세금으로 자신의 생활공간에서 발생하는 다양한 문제들을 스스로 결정하여 집행하면 된다. 세금의 일부만을 국가가 징수하고 나머지는 국민들 스스로 세금을 징수하여 스스로 사용하게 하는 제도는 코뮌적 공동체 자치의 기반으로 작용하게 될 것이다. 이러한 코뮌적 공동체 자치가 스스로 세금을 징수하고 자신의 정책을 결정하여 집행하는 이상, 국가정책에 대한 수용 여부의 권리도 가져야 한다. 국가는 국민의 세금 일부만으로 코뮌적 공동체 자치를 보호하는 임무만을 가지기 때문에 국민에게 국가정책을 강요할 수 없다. 국가와 코뮌적 공동체 자치 간에 상호 역할과 기능을 분명하게 구분하면 되고, 코뮌적 공동체 자치는 전국에 산재되어 있는 코뮌적 공동체 자치네트워크를 중심으로 국가적인 문제에 공동으로 대응하면 된다.

닫는 글
상상공간과 희망을 위해

　상상은 아름답다. 그리고 즐겁다. 상상은 그저 상상일 뿐이다. 상상의 논리도 논리에 불과할 수 있다. 그러나 상상의 논리는 창의적이다. 형식을 뛰어넘는 상상은 그 자체만으로도 혁명적이다. 물론 상상을 몽상으로 치부하는 사람도 많다. 현실성이 없는 몽상가의 꿈일 뿐이라고 한다. 역사가들은 보통 역사를 과거와 현재를 딛고 미래를 설계하는 것으로 규정하기도 한다. 상상은 역사다. 몽상이 결코 아니다. 과거와 현재는 상상하는 주체들의 삶이다. 삶은 역사적으로 변화되어 왔다. 삶을 변화시켜 나가는 것 자체가 상상이다. 혁명이 상상일 수밖에 없는 근거이다. 상상하는 사람만이 자신의 삶을 개척한다. 상상하는 사람만이 희망의 등불을 켤 수 있다. 불행한 미래를 꿈꾸는 사람은 하나도 없다. 불행한 미래를 위해 현실과 미래에 투자하는 사람은 이 세상에 단 한 명도 없다. 상상은 이성의 미래이자 감성의 희망이다. 희망과 상상은 동전의 앞뒷면이다. 희망상실의 시대는 사람들을 늘 외롭게 한다. 항상 자신과 함께 살아가고 있었던 희망이 없어져서이다. 희망은 이성의 응집체이다. 자신의 이성으로 미래를 추출해 내는 현실이다. 이성은 생활세계에서 형성된다. 자신의 가치와 경험을 반영하는 생활세계이다. 사람들은 조작된 욕망이라 할지라도 항상 생활세계의 변화를 꿈꾸면서 산다. 그 속에 희망이 있고, 그 속에 상상의 힘이 있다. 상상하는 사람만이 희망을 가질 수 있다. 그것도 현실의 생활세계에서 추출되는 상상이라면 더욱 그러하다.

생활세계의 주인은 자신이다. 생활세계의 공간은 자신만의 상상공간이다. 그 공간을 자기화한 사람은 행복이 넘쳐흐른다. 물질적으로 풍족하다는 의미가 아니다. 생활세계의 고통이 그만큼 적다는 것이다. 생활세계의 희망이 많다는 의미이다. 그 공간을 자기화하지 못한 사람들은 항상 탈주를 꿈꾼다. 항상 다른 행복의 공간을 상상한다. 탈주의 공간이 가져다 줄 행복이다. 어떤 사람이든 생활의 권리가 침탈되는 것을 아주 싫어한다. 이를 뭐라 할 사람은 하나도 없다. 사람들이 자신만의 상상공간을 국가권력이 항상 엿보고 있다는 사실을 인지하기가 쉽지 않기 때문이다.

자본주의 사회는 자유민주주의 체제의 법과 제도를 앞세운다. 국민은 그저 자유민주주의 체제가 허용하는 생활공간만을 유지해야 한다. 외부로부터 조작되는 국민의 생활공간이다. 국민은 생활 속에서 권리보다 의무를 더 짊어지고 살아간다. 생활을 구성하는 많은 요소들은 자본의 이해를 충족시키기 위해 조작된다. 자본은 기술력의 발달과정이라고 하지만 생활의 요소들은 간단한 기능을 조작하는 자본에 의해 좌지우지되기도 한다. 특히 가정생활의 전자제품들이 주요한 조작의 대상이다. 생활의 주체인 국민의 욕망을 조작하는 것이다. 국민은 또한 생활 속에서 수많은 세금을 내면서 살아가고 있다. 국가가 국민을 관리하고 통제하는 주요 수단 중에 하나이다. 국가는 세금을 내지 않는 국민의 생활을 통제한다. 국민이 생활의 주체에서 대상으로 전락한 경우이다. 국민은 소비영역에서조차 착취와 억압의 대상으로 전락한다.

국가는 이러한 수단을 동원하여 국민의 상상공간을 지배한다. 국민의 희망을 앗아간다. 국민의 일거수일투족은 관리의 대상이다. 국민은 그저 자신만의 상상공간에 머물러 있어야 한다. 개인의 상상공간이 국가와 사회의 상상공간으로 확장되는 것을 예방하려 한다. 국가는 생활세계의 문제를 개인의 것으로 치환시킨다. 각종의 법과 제도는 개인을 위해 존재하는 국가의 시혜물이다. 그것이 없으면 개인의 상상공간이 파괴된다고 위협한다. 개인의 생활세계도 마찬가지이다. 국가와 개인의 생활세계가 등치되어 버린다. 개인은 이 순간에 중독된다. 국가야말로 자신의 상상공간과 생활세계를 유지하는 수단이라는 의식이다. 국가는 자신만이 아니라 타인의 상상공간과 생활세계를 침투해도 된다는 의식에 중독된다.

사람들은 국가의 파괴를 상상하지 못한다. 국가가 파괴되는 순간에 자신의 상상공간과 생활세계도 파괴될 것이라는 두려움 때문이다. 국가는 국민에게 이러한 두려움을 지속적으로 조장한다. 국민은 그저 국가의 은혜로 살아가면 된다고 강요한다. 국가를 유지하는 법과 제도가 전복되는 것 자체를 봉쇄하는 수단이다. 국민은 헌법을 비롯한 각종의 법과 제도가 없어질 수 있다고 상상하지 못한다. 자신의 상상공간과 생활세계가 혁명적으로 바뀔 수 있다고 상상하지 못한다. 국가는 현존하는 법과 제도로 국민에게 희망을 제공하고 있다고 생각하기 때문이다. 두려움에서 벗어나는 순간 세상은 달리 보인다. 두려움에 떨어야만 했던 운전교습자가 나중에

자동차를 장난감 취급하는 것과 마찬가지이다. 국가도 그저 장난감에 불과할 수 있다. 국가는 싫증이 난 장난감을 사달라고 조르는 아이들로 취급되어야 한다.

국가는 국민의 생활권리를 악화시키곤 한다. 보이지 않는 힘이 국가를 좌지우지한다. 국민은 그 힘에 의해 생활 속에서 희망을 찾지 못한다. 권리가 많아질수록 생활은 즐겁고 행복해진다. 자신의 시간과 공간을 지배하는 생활의 주체적 힘이다. 국민의 모든 생활은 곧 이해관계를 둘러싼 갈등과 저항으로 재구성될 필요가 있다. 우리들은 배가 고파서 우는 아이로부터 배워야 한다. 갈등과 저항은 생활의 희망이다. 그 희망은 상상으로 채워진다. 국민은 자신만의 상상공간을 변화시킬 줄 안다. 국민은 생활권리를 둘러싼 저항의 주체로 나선다. 국민은 생활 속에서 형성되는 정치적 관계를 전복시켜 자신의 희망을 되찾으려 한다. 자신의 상상공간을 자신의 주권으로 가득 채우는 과정이다. 생활세계에서 주권이 넘쳐흘러야 한다.

법과 제도는 수시로 변한다. 인간의 상상력이 그 힘이다. 자유민주주의 정치체제의 법과 제도도 권리를 향한 피지배 세력의 상상에서 비롯되었다. 힘을 갖지 않는 상상이야말로 몽상이다. 자신의 생활공간을 자신이 지배할 때 비로소 희망이 넘쳐난다. 자신의 권리도 자신이 지배해야 한다. 법과 제도들은 한낱 사람들의 생활을 위한 수단에 불과하기 때문이다. 이것이 민주주의 정치세계의 희망이다. 과연 내 희망이 실현될 것인가? 가능한 것인가? 의심하는 사람만이 희망을 되찾을 수 있다. 자신을 돌아볼 수 있는 사람만이 자신의 터를 일궈낼 수 있다. 의심하고 기억하는 것 자체가 희망이고 상상이다. 자신의 생활세계가 곧 민주주의의 터이다. 주권은 남의 것이 아니라 바로 자신의 것이다. 주권은 국가에 있는 것이 아니라 자신의 마음속 깊숙하게 틀어박혀 있다. 국민의 상상혁명 체제에 적합한 헌법을 만들 수 있다. 헌법이 자신을 지배하는 것이 아니라 자신이 헌법을 지배하는 것이다. 자신이 국가를 지배하면 된다.

자유 민주주의 체제의 기득권 지배세력들은 주권과 공동체의 정체성을 주로 국민국가에서 찾는다. 자유민주주의 체제는 국민 개개인을 국민국가의 법과 제도라는 울타리에 가둔다. 그 법과 제도가 억압적?이데올로기적 장치라 해도 상관없다. 국민은 그저 자유민주주의 국가가 허용하는 생활공간에서만 살아가야 한다. 그런데 주권은 국가의 최고 권력이 아니라 국민의 최고 권력이다. 국민주권은 유일성, 영구성, 포괄성, 절대성, 불가양성을 가지고 있는 국민의 자기 권력이다. 국민주권의 시대에 국가의 최고 권력을 국민이 되찾아서 국민 스스로 자신과 국가를 지배하는 정치체제를 만들어야 한다.

국가가 주권을 침해할 경우에는 언제든지 그 주권을 국가로부터 되돌려 받을 수 있는 권리까지 포함하고 있는 것이 국민주권이다. 국민주권의 세상은 국가의 기능과 역할을 국민에게 봉사하는 것으로만 제한한다. 민주주의는 국민을 국가로부터 해방한다. 국가는 국민의 생활세계를 위해 봉사하는 국민의 집행기관으로 남는다. 국민은 언제든지 그러한 집행기관의 주체를 자유롭게 바꿀 수 있다. 이것이 바로 국민이 해방된 국민주권의 세상이다.

국민주권의 세상은 국가의 성격을 완전히 전복한 세상이다. 국민이 최고 권력으로 국가를 국민의 복종자로 만든 세상이다. 국민이 언제든지 국가의 권한과 업무를 정지시킬 수 있는 세상이다. 국가의 기능과 역할이 국민의 코뮌적 공동체 자치를 지원하는 수준에 머물러 있는 세상이다. 그리고 국민 모두가 권력의 주체이자 객체로 통일되는 세상이 바로 국민주권의 세상이고 국가가 민주주의를 사랑하는 세상이다. 국민주권이란 바로 국민 스스로 선의 정치를 일궈내기 위해 권리의 차별을 없애거나 지배세력의 특권을 없애면서 국가 중심의 정치를 소멸시켜 나가는 민주주의이다. 민주주의는 이 과정에서 혁명으로 진화한다. 국민이 권력과 국가를 지배하는 상상혁명! 이것이 바로 민주주의를 사랑하고 혁명하는 국민주권의 희망이다.

정보공유 라이선스

별도의 표시가 없는 한 메이데이가 생산한 저작물은 정보공유 라이선스 2.0 : 영리금지를 따릅니다. 비영리 목적으로 이용할 수 있습니다. 단, 상업적으로 이용하려면 도서출판 메이데이와 협의해야 합니다. http://freeuse.or.kr/license/2.0/yg

민주주의를 혁명하라!

2009년 9월 1일 초판 1쇄 발행
2011년 3월 8일 초판 2쇄 발행

지은이_김영수
발행인_박성인
편집인_한진용
책임편집_안명희
디자인_이수진
펴낸곳_도서출판 메이데이

주소_서울 용산구 한강로2가 2-37 토투밸리오피스텔 1312호
전화_02 2277 5453
팩스_02 6008 5138
등록_2004년 9월 7일(제313-2004-00197)

값은 뒤표지에 있습니다.
파본은 바꾸어 드립니다.

ISBN 978-89-91402-34-8 93300

이 도서의 국립중앙도서관 출판시도서목록(CIP)은 e-CIP 홈페이지(http://www.nl.go.kr/ecip)에서 이용하실 수 있습니다.(CIP제어번호: CIP2009000550)